JOÃO MENDONÇA NETO

47 IDEIAS PARA EMPRESAS PAGAREM LEGALMENTE MENOS TRIBUTOS

João Mendonça Neto

Advogado, Professor, Escritor, Empresário, Especialista em Advocacia Tributária pela EBRADI e Mestre em Contabilidade e Controladoria pela USP.

Contatos para dúvidas e sugestões:

joaomendoncaneto@gmail.com

71-99688-6252

joao.mendonca.nt.tributarista

joao.mendonca.nt.tributarista

JOÃO MENDONÇA NETO

47 IDEIAS PARA EMPRESAS PAGAREM LEGALMENTE MENOS TRIBUTOS

Uma leitura fácil e objetiva direcionada para empresários e gestores de empresas de qualquer porte, mesmo que não sejam especialistas na área tributária

2021

Dados Internacionais de Catalogação na Publicação (CIP)
(Câmara Brasileira do Livro, SP, Brasil)

```
Mendonça Neto, João Nunes de
    47 ideias para empresas pagarem legalmente menos
tributos / João Nunes de Mendonça Neto. --
Salvador, BA : Ed. do Autor, 2021.

    ISBN 978-65-00-28093-7

    1. Contabilidade 2. Direito tributário -
Brasil 3. Economia 4. Planejamento estratégico
5. Tributação - Brasil I. Título.

21-75912                              CDU-34:336.2(81)
```

Índices para catálogo sistemático:

1. Brasil : Direito tributário   34:336.2(81)

Aline Graziele Benitez - Bibliotecária - CRB-1/3129

Sumário

A utilidade de ideias e estratégias tributárias

Inúmeros impostos, taxas e contribuições. Leis complementares, leis ordinárias, constituição federal, instruções normativas, tudo isso embaralhado para cobrar impostos, taxas e contribuições. Pensam os empresários: "Socorro! Além de uma carga tributária pesada, é complicado entender e saber pagar os tributos no Brasil!". É verdade, senhores empresários e gestores, é complexo e pesado o sistema tributário brasileiro.

Mas, justamente por ser embaralhado, existem oportunidades legais dentro desta complexidade para serem enxergadas e aproveitadas por aqueles que pensam em ideias e estratégias. É como procurar uma palavra escondida dentro de um jogo de caça palavras. No meio de um monte de letras misturadas, a gente sabe que há palavras que fazem sentido e que somente são encontradas por aqueles que investigam cuidadosamente este mar de letras.

```
G F T O R N E E T S S F
A E Y L I H C N R H T L
E E O N V A O S D H Y E
S L C I I M N U N A T E
E D A S I U O C S W E L
P E E U S E M I E Y W A
N E O T T R I B U T O S
D I B E N L Z O I T N Y
R O I R A O A S I H L H
T T T E E I R O Y T E N
H T H A R G N I L W O T
U A R F O N R C E E N S
```

Da mesma forma é no campo empresarial. No meio de um monte de legislações e normas embaralhadas, a gente sabe que há oportunidades legais de economia de tributos que fazem sentido e que somente são percebidas por aqueles que investigam cuidadosamente este mar de leis e normas.

Venho lhe tranquilizar que este trabalho de investigar oportunidades legais de economia de tributos dentro do monte de leis e normas não precisa ser feito por você porque já foi feito por mim. Reuni neste livro um conjunto de ideias e estratégias que fui colecionando durante anos. Sei da importância para as empresas e empresários economizarem legalmente em tributos porque, além de ser advogado e contador, também sou empresário há mais de três décadas e sinto na pele a importância da redução de custos tributários para a própria sobrevivência e lucratividade da empresa e para se manter competitivo em relação à concorrência.

Esse monte de leis e normas é tão embaralhado que o próprio governo comete erros, cobrando, em algumas situações, tributos de forma ilegal que posteriormente é repelido pelo judiciário. É como se, no exemplo do jogo de caça palavras, o governo encontrasse e formasse palavras que não existem nas regras deste jogo. Nessa comparação e analogia com o jogo de caça palavras, aqueles empresários que estiverem atentos irão reclamar, perante o juiz, que o governo formou uma palavra com as letras erradas e que tem que ser desclassificado.

```
I L L E G G A L N D I N
W A N A M R U E T O Y C
O E O O A C I W E B F O
S C R L I S I A T N B W
C L O R O T I Y S S A H
H H F W R C T R V N O E
D U E O T O L E B A T E
W T H A O L S F P I S D
E D G E N N E A H D E E
I T S S H R A S N Y I Y
M O R M O N D Y A H T O
R O Y A W E R E E A H C
```

É aí dentro dos erros do governo que também surgem grandes oportunidades para as empresas e empresários.

Explico melhor a seguir.

As empresas têm ganhado na justiça o direito de receber de volta valores milionários que o governo cobra e, posteriormente, são considerados ilegais ou inconstitucionais, além do direito das empresas pararem de pagar o que estavam pagando errado. Os contribuintes, que já são castigados pela alta carga tributária, diga-se de passagem, têm o direito constitucional de somente pagar os tributos em conformidade com a lei. Não estou me referindo a forçar a barra para burlar os impostos, absolutamente não. É simplesmente o direito de não pagar o que não cstá previsto no sistema legal brasileiro.

Já imagino o que você deve estar pensando, eu já vi essa reação outras vezes: "Poder deixar de pagar e receber de volta um bom dinheiro em tributos? Isso é bom demais para funcionar para mim!".

Veja a seguinte notícia veiculada pelo Valor Econômico:

Buscar   **Valor**   **Legislação**

Grandes teses representam R$ 890 bi para a União

Por Beatriz Olivon, De Brasília — Valor

Incríveis 890 bilhões de reais é o valor previsto pela Lei de Diretrizes Orçamentárias de 2019, no anexo de riscos fiscais, que o próprio governo federal calculou em devolução de impostos aos contribuintes, relativo às ações judiciais em andamento. Está lá dentro da previsão e precisa estar, a fim do governo se programar para possíveis desembolsos que tenha que fazer.

As grandes empresas geralmente se aproveitam em exigir judicialmente de volta o que pagou a mais em vários tributos. As empresas menores fazem isso em muito menor intensidade porque simplesmente não chegam até elas essas informações.

Tomei a inciativa de escrever este livro porque é incrível como a grande maioria dos empresários não tem acesso a essa informação de que eles podem estar pagando mais impostos do que poderiam ou do que deveriam. A minha intenção é disseminar esse conhecimento para democratizar informações tributárias, sempre dentro da legalidade, para que os empresários e gestores possam ter consciência dessas possibilidades e tomem suas melhores decisões tributárias para o bem de suas empresas.

Já presenciei um empresário que, de um rosto sorridente, subitamente esmaeceu para um rosto inconsolável, quando foi informado que havia perdido oito anos de contribuições previdenciárias que prescreveram (perdeu o direito), em que poderia ter reivindicado judicialmente sua devolução, e não fez por pura falta de conhecimento. Ele tinha uma folha de pagamento volumosa na ordem de milhões de reais anuais, e essas contribuições previdenciárias passíveis de restituição representavam valores consideráveis, digno de deixar qualquer um desapontado.

A impressão que os empresários geralmente têm é que se torna caro ingressar com uma ação judicial. No caso de ações tributárias, em muitas situações, é possível utilizar mecanismos que reduzem bastante as custas judiciais e eliminam o risco de pagamento de honorários advocatícios de sucumbência, ou seja, elimina o risco de ter que pagar os honorários advocatícios à parte contrária caso haja derrota na ação judicial.

Havendo a possibilidade de haver custas judiciais menores para ingressar com a ação e não haver risco de pagar horários de sucumbência, é como se estivesse realizando um investimento módico que pode oferecer, a depender do caso, alto nível de retorno em caso de sucesso e a perda de somente as custas judiciais em caso de derrota.

Não se trata de instigar o empresário a entrar, pura e simplesmente, em litígio e conflito com o governo. Trata-se, como já disse, em democratizar informações e análises sobre o que está acontecendo no mundo jurídico tributário brasileiro e a partir daí, o empresário informado, conscientemente, decidir o que pode se aplicar a sua situação, não perdendo a oportunidade de ser possivelmente beneficiado com decisões judiciais que lhe devolvam ou que impeçam a cobrança de tributos a maior que o permitido pela interpretação judicial do conjunto de leis e normas brasileiras.

Apesar de existirem decisões favoráveis, elas, na maioria das vezes, somente beneficiam integralmente aqueles que reclamaram judicialmente, e aqueles que ainda não o fizeram podem, a depender da situação, também iniciar o seu processo para também buscar se beneficiar do entendimento judicial. É claro que não é possível garantir o sucesso de pedidos judiciais, pois sempre depende da decisão final dos órgãos do judiciário em cada caso e processo específico.

Em suma, este livro possui dois tipos de conjuntos de ideias e estratégias.

O primeiro conjunto de ideias e estratégias se refere a atitudes que as empresas e os empresários podem tomar simplesmente atendendo às possibilidades legais, aceitas sem controvérsias pelos governos federal, estaduais e municipais, bastando somente saber que elas existem e implementá-las, caso a empresa ou o empresário entendam conveniente e adequado.

O segundo conjunto de ideias e estratégias se refere a agir contra tributos que são indevidamente cobrados, por não atenderem a normas legais. Nestas situações, é necessário recorrer a medidas administrativas ou judiciais.

As ideias e estratégias são apresentadas neste livro com uma linguagem simplificada e facilitada, sem juridiquês, de forma objetiva e na medida necessária do que o empresário precisa saber para analisar os seus benefícios e tomar decisões.

Vamos em frente conhecer cada possibilidade de ideia e estratégia para pagar menos tributos nos capítulos seguintes.

Sempre faça uma avaliação profissional e aprofundada, avaliando riscos e benefícios, ao aplicar cada ideia deste livro a sua situação específica e particular. Como o objetivo deste livro não é torná-lo um especialista em cálculo de tributos e sim apresentar as ideias e estratégias que podem lhe fazer pagar legalmente menos tributos, sugiro-lhe procurar sempre um profissional da área para fazer os cálculos e análise do seu caso para confirmar ou não se as ideias ou estratégias lhe beneficiam e são viáveis para você, e assim poder colocá-las em prática.

Ideia 1. Redução do PIS e COFINS para empresas que pagam ICMS

Aplicável às empresas que pagam ICMS e são tributadas pelo lucro real, presumido ou arbitrado.

Esse é um tema de repercussão milionária para algumas empresas, com impacto total para o governo na casa dos bilhões, em que já foi decidido pelo STF favoravelmente aos contribuintes. É uma decisão final que não cabe mais recurso. Por isso, merece que eu descreva mais recomendações sobre esse tema.

Por mais de uma década, PIS e COFINS foram cobrados a maior pelo governo por conta dele embutir o

STF manda governo devolver a empresas imposto cobrado a partir de 2017

Rafael Neves
Do UOL, em Brasília

O STF (Supremo Tribunal Federal) definiu, nesta quinta-feira (13), o alcance de uma decisão tributária tomada pela Corte em 2017. Por 8 votos a 3, o colegiado manteve o entendimento de que o ICMS não pode integrar a base de cálculo do PIS/Cofins. Com isso, a União terá que devolver às empresas os impostos pagos indevidamente a partir de 15 de março de 2017, a data daquele julgamento.

ICMS (Imposto sobre Circulação de Mercadorias e Serviços) no cálculo do PIS e COFINS a pagar. Resultado: maior PIS e COFINS a pagar pelos empresários. Alguns empresários reclamaram judicialmente e agora estão tendo o direito de receber de volta os valores passados pagos a maior e o direito de não mais pagar a maior em suas vendas futuras.

É algo lógico que foi violado e que vou explicar a seguir.

A lei que disciplina a forma de cálculo do PIS e da COFINS a pagar determina que o seu cálculo tenha como base o valor da totalidade das receitas auferidas no mês ou pelo seu faturamento. A controvérsia estava justamente no que legalmente está incluído dentro da receita e do faturamento.

Quando nós consumidores compramos um produto, consta na nota fiscal algumas informações. Para ficar mais claro, vamos usar como exemplo a nota fiscal abaixo:

O valor total da compra dos produtos é R$ 100.000,00. É esse o valor total que a empresa vendedora vai receber de seu cliente comprador. Contudo, nessa transação, há o dever da empresa vendedora repassar para o governo estadual a quantia de R$ 18.000,00 (18% de R$ 100.000,00), referente ao ICMS gerado na venda.

Aí vem a pergunta: esses R$ 18.000,00 são uma receita da empresa para custear as suas operações ou é um valor que já vem carimbado para ser repassado ao governo estadual? Certamente a empresa não pode contar com esses R$ 18.000,00 para custear suas operações, como, por exemplo, para pagar a seus funcionários. Ela tem que obrigatoriamente deixar separado em seu caixa para, no dia do vencimento, recolher o valor do ICMS de R$ 18.000,00 para os cofres do governo estadual.

Inclusive, a nomenclatura técnica é "ICMS a recolher" e não "ICMS a pagar", justamente porque não é a empresa quem paga esse ICMS. Quem paga é o consumidor final, na medida em que o ICMS está embutido no preço da mercadoria e é o consumidor quem paga pelo valor total da mercadoria, inclusive paga o ICMS que está lá dentro.

Portanto, a empresa vendedora somente faz o **recolhimento** do ICMS das mãos do consumidor e o repassa integralmente para o governo. Ou seja, a empresa age como um intermediário entre o consumidor e o governo.

Se a empresa vendedora simplesmente faz o recolhimento do imposto e o repassa para o governo, ela de forma alguma pode atribuir o imposto como uma receita ou parte de sua receita, nem atribuir como faturamento. O valor do ICMS embutido no preço do produto não faz parte do conceito de receita nem de faturamento.

É nesse ponto que devemos voltar à lei do PIS e da COFINS para revisitar a sua base de cálculo, ou seja, o valor que deve ser tomado como base para calcular esses tributos. Já vimos anteriormente que a base de cálculo desses tributos é a totalidade das receitas auferidas no mês ou pelo seu faturamento. Como o ICMS não é receita nem faturamento da empresa vendedora, a base de cálculo do PIS e da COFINS não pode incluir o valor do ICMS que está embutido no preço do produto, pois o ICMS não é receita nem faturamento da empresa.

Na nota fiscal utilizada como exemplo, a base de cálculo do PIS e da COFINS devidas pela empresa deve ser R$ 100.000,00 menos o valor do ICMS, R$ 18.000,00, resultando em R$ 82.000,00. Em cima de R$ 82.000,00 é que devem ser aplicadas as alíquotas de PIS e COFINS da sua empresa. Se a receita mensal dessa empresa se mantiver em R$ 100.000,00 e pagar uma alíquota de 9,25% de PIS e COFINS, ela teria a receber R$ 99.900,00 relativo aos últimos 5 anos.

Durante décadas, a Receita Federal do Brasil tem orientado e obrigado os empresários a calcular o PIS e a COFINS sobre o valor cheio, ou seja, sobre o valor de R$ 100.000,00 no nosso exemplo. Para aqueles que ingressaram com uma ação judicial reclamando dessa forma de cobrança do governo, o STF já decidiu que, na base de cálculo do PIS e da COFINS, o valor do ICMS deve ser excluído, ou seja, o PIS e o COFINS dessa empresa, por exemplo, deve ser calculado sobre R$ 82.000,00.

A decisão do STF em março de 2017 foi favorável aos contribuintes, definindo a seguinte tese para fins de repercussão geral:

"O ICMS não compõe a base de cálculo para fins de incidência do PIS e da COFINS".

No momento em que estou escrevendo esse livro, é necessário recorrer ao judiciário tanto para pedir a devolução do que pagou a mais como para pedir esse benefício em vendas futuras. Talvez a Receita Federal facilite e permita que as empresas façam o pedido administrativo de restituição diretamente à Receita Federal. Temos que aguardar o pronunciamento da Receita Federal, vamos ficar atentos.

Para quem ainda não entrou com um processo judicial, terá direito à restituição dos valores pagos a maior a partir de 15 de março de 2017. Para quem ingressou com uma ação judicial antes de 15 de março de 2017, não haverá o limite de período de restituição, existindo somente o limite de restituição dos últimos 5 anos anteriores à data de ingresso da ação. Esse é um exemplo de que o direito protege mais quem pede socorro com antecedência ao judiciário.

As empresas optantes pelo Simples Nacional pagam seus tributos de uma forma simplificada e unificada. Em uma única guia de pagamento está incluso o pagamento de diversos tributos, inclusive ICMS (para as empresas mercantis), PIS, COFINS, etc. O ICMS não é separado como é nas empresas não optantes pelo Simples Nacional, havendo uma base de cálculo única para aplicar a alíquota do Simples Nacional. Ademais, o Simples Nacional é uma forma diferenciada de pagar tributos contendo benefícios para quem o adota. É uma opção para o contribuinte e não uma obrigação, que, tendo escolhido, deve seguir suas exigências, não havendo espaço para abater o ICMS da base de cálculo do PIS e da COFINS.

Assim, as empresas optantes pelo Simples Nacional não têm fundamento para ingressar com uma ação judicial pleiteando essa tese. É aplicável perfeitamente às empresas optantes pelo lucro presumido, real e arbitrado.

Uma boa notícia é que essa ação pode ser impetrada na forma do chamado Mandado de Segurança. Ao contrário das ações ordinárias comuns, o Mandado de Segurança tem a vantagem do não pagamento de honorários advocatícios de sucumbência, ou seja, se a empresa não tiver êxito no Mandado de Segurança, ela não terá o risco de pagar honorários advocatícios à outra parte vencedora. É um processo mais célere, que tende a ser mais rápido, apesar de sabermos que, no geral, a justiça brasileira é lenta. Ainda mais, o investimento em custas judiciais é menor em ações de Mandado de Segurança.

Para esta ideia que estamos apresentando, ela já tem uma decisão favorável do STF com repercussão geral que impõem que todo o judiciário decida favoravelmente da mesma forma.

É possível pedir que o juiz conceda uma medida liminar para, nas vendas futuras, excluir o ICMS da base de cálculo do PIS e da COFINS. Uma medida liminar é uma decisão temporária que pode posteriormente ser modificada e a empresa ter que pagar a diferença do que deixou de pagar, com encargos, durante o período válido da medida liminar.

É importante ficar atento a essa possibilidade: se deixar de pagar por conta de decisão liminar e no final houver uma decisão desfavorável, terá que pagar todo o valor não pago com encargos e de uma só vez.

Outra possibilidade que o empresário pode escolher é fazer o depósito judicial da diferença do valor de PIS e COFINS que está sendo discutido. Tem a vantagem que, quando a decisão final for favorável à empresa, ela poderá sacar de imediato o valor depositado e não se submeter a longo período de demora em receber este mesmo valor via precatório judicial.

Mesmo que não seja realizado o pedido de medida liminar, é obvio que a empresa poderá ser restituída ou compensada pelos valores pagos a maior quando a decisão final for proferida, tanto dos valores dos últimos 5 anos anteriores ao ajuizamento da ação, quanto aos valores posteriores. A diferença é que, com a medida liminar, a empresa já deixa de pagar a maior logo a partir do início, quando a medida liminar é concedida. Cabe ao empresário decidir, com base na explanação dada, se gostaria de começar logo a pagar menos PIS e a COFINS excluindo o ICMS de sua base de cálculo ou se vai aguardar a decisão final.

A restituição pode ser em dinheiro ou compensada com outros tributos administrados pela Receita Federal do Brasil, como, por exemplo, imposto de renda, CSLL, o próprio PIS e COFINS, etc. A restituição ou compensação será realizado em valores atualizados pela taxa Selic, a partir da data do pagamento do tributo.

Ideia 2. Redução do PIS e COFINS para empresas que pagam ISS

Aplicável às empresas que pagam ICMS e são tributadas pelo lucro real, presumido ou arbitrado.

Este é um tema similar ao tema anterior, somente alterando de ICMS para ISS. A ideia é a mesma, reduzindo a base de cálculo do PIS e da COFINS ao excluir o valor do ISS ocorrido na prestação do serviço.

Usando uma linguagem simples, o ICMS e o ISS (Imposto Sobre Serviços) é como se fossem impostos "irmãos". Enquanto, o ICMS, predominantemente, aplica-se a produtos físicos, o ISS aplica-se sobre prestação de serviços.

Ora, se o ICMS não compõe a receita bruta ou o faturamento da empresa na venda de produtos, no mesmo sentido e com a mesma fundamentação e razão, reflete-se que o ISS não deve compor a receita ou faturamento da empresa na venda de serviços.

Ainda não há uma decisão final do STF sobre o assunto, tendo iniciado o julgamento e, até o momento, não foi finalizado. O ministro relator Celso de Mello apresentou seu voto favorável aos empresários, justificando que é a mesmo fundamento do ICMS, conforme expliquei acima.

A título de exemplo, uma empresa que venda serviços no valor de R$ 10 milhões por ano, que recolha ISS a uma alíquota de 5%, PIS a uma alíquota de 1,65% e COFINS a uma alíquota de 7,6%. Nos últimos 5 anos, ela teria faturado R$ 50 milhões e, pela sistemática imposta pelo governo, pagaria os seguintes valores de PIS e COFINS:

Base de cálculo do PIS e COFINS:		R$ 50.000.000,00
PIS:	1,65% de R$ 50.000.000,00 =	R$ 825.000,00
COFINS:	7,6% de R$ 50.000.000,00 =	R$ 3.800.000,00
Total a recolher:		R$ 4.625.000,00

Excluindo o ISS da base de cálculo do PIS e COFINS, temos os seguintes valores a recolher:

Vendas:		R$ 50.000.000,00
ISS:		- R$ 2.000.000,00
Base de cálculo do PIS e COFINS:		R$ 47.500.000,00
PIS:	1,65% de R$ 47.500.000,00 =	R$ 783.750,00
COFINS:	7,6% de R$ 47.500.000,00 =	R$ 3.610.000,00
Total a recolher:		R$ 4.393.750,00

Restituição para a empresa:	R$ 231.250,00

Nesse exemplo, R$ 231.250,00 seria a restituição referente aos últimos 5 anos anteriores ao ingresso da ação judicial, além de haver o benefício de parar de pagar a mais por toda vida.

Em relação aos possíveis benefícios obtidos, a depender do valor reclamando, o gasto com as custas processuais se tornam irrisórias.

Da mesma forma e com o mesmo fundamento da Ideia 1. acima relativa ao ICMS, esta ideia só é aplicável para empresas optantes pelo lucro real, presumido e arbitrado, ficando impossibilitado para empresas optantes pelo Simples Nacional.

Em outras instâncias judiciais, a grande maioria das decisões deste tema têm sido favoráveis aos contribuintes, apesar de haverem algumas contrárias. Contudo, sabemos que o STF é quem dará a decisão final e a tendência é que seja favorável aos contribuintes de ISS, da mesma forma que o foi para os contribuintes de ICMS. Claro que não podemos garantir o resultado final.

Quanto mais cedo o empresário decidir sobre adotar esta ideia, maior é o período de tempo em que poderá ter valores de PIS e COFINS restituídos, uma vez que somente é possível ser restituído dos últimos 5 anos anteriores ao ingresso do pedido de devolução. Portanto, a data de ingresso do pedido de devolução é crucial para conseguir o maior período de devolução possível.

Esta ação também pode ser impetrada na forma de mandado de segurança, tendo o benefício de não haver risco de pagamento de honorários advocatícios à outra parte, caso haja insucesso na decisão final, e ainda tem o benefício de haver menor investimento em custas judiciais. Para maiores detalhes, favor ler a Ideia 1. acima.

Da mesma forma que no tema relativo ao ICMS, é possível pedir que o juiz conceda uma medida liminar para que já comece desde logo a excluir o ISS da base de cálculo do PIS e da COFINS. Independente de haver ou não pedido de medida liminar, a empresa deverá requerer que o valores pagos a maior nos 5 anos anteriores ao ajuizamento da ação sejam restituídos em dinheiro ou compensados com outros tributos administrados pela Receita Federal do Brasil, como, por exemplo, imposto de renda, CSLL, o próprio PIS e COFINS, etc. A restituição ou compensação será realizado em valores atualizados pela taxa Selic, a partir da data do pagamento do tributo.

Obviamente, deverá ser pedido também que a decisão final contemple não só o período passado, mas também todo o período futuro após o ingresso da ação.

Para maiores detalhes, favor ler o que foi escrito na Ideia 1. acima, especialmente sobre as precauções que a empresa deve observar e a possibilidade de realizar depósito judicial.

Repetindo e relembrando, apesar de ser o mesmo fundamento da Ideia 1. acima, ainda não há decisão final sobre esta ideia, estando dependente do judiciário, mas, quanto mais cedo ingressar com uma ação judicial, maior será o período de tempo do benefício econômico em caso de decisão final favorável às empresas.

Ideia 3.   Redução do IRPJ e CSLL das empresas optantes pelo lucro presumido a partir da exclusão do ICMS e do ISS de suas bases de cálculo

Aplicável às empresas optantes pelo lucro presumido.

Essa ideia é um reflexo da decisão favorável aos contribuintes em que o STF afastou a inclusão do ICMS da base de cálculo do PIS e COFINS, conforme explicado na Ideia 1. acima. Contudo, este tema somente se aplica às empresas que optarem pela tributação pelo lucro presumido, cuja explicação vem a seguir.

Quando uma empresa é tributada pelo lucro real, o cálculo de seu lucro líquido para fins de tributação é realizado subtraindo as despesas das receitas. Identificam-se as receitas e despesas da empresa e simplesmente é feita a diferença entre ambas para se chegar ao lucro líquido. Sobre o lucro líquido, com alguns ajustes, é calculado o Imposto de Renda da Pessoa Jurídica (IRPJ) e a Contribuição Social Sobre o Lucro Líquido (CSLL). Nesse sistema de tributação, quando mais despesas a empresa tiver, menor o seu lucro líquido e menor será sua carga tributária com IRPJ e CSLL, e vice-versa.

Enquanto isso, existe outra sistemática de tributação que independe do nível de despesas que a empresa possua. Ao invés de se calcular o lucro da empresa através de mecanismos contábeis de apuração de receitas e despesas, calcula-se somente uma estimativa de lucro, que se chama lucro presumido. Para se chegar ao lucro presumido da empresa, a legislação determina a aplicação de um predeterminado percentual sobre a receita bruta da empresa.

Buemba! O que faz parte da receita bruta para o STF? Definitivamente para o STF, o ICMS não faz parte da receita bruta da empresa! Se não faz parte da receita bruta, não deveria fazer parte também da receita bruta para fins de cálculo do lucro presumido, pois, o conceito de receita bruta é único e não existe uma receita bruta para o cálculo do PIS e da COFINS e outra receita bruta para o cálculo do lucro presumido.

Dessa forma, tudo no sistema tributário brasileiro que se refira a receita bruta deveria ser enquadrado nessa definição delimitada pelo STF, inclusive a receita bruta para o cálculo do lucro presumido, e consequentemente, o cálculo do IRPJ e ICMS a pagar das empresas optantes pelo lucro presumido.

Essa é mais uma oportunidade para as empresas optantes pelo lucro presumido recuperarem o que pagaram a maior nos últimos 5 anos, como também, deixarem de pagar a maior o IRPJ e CSLL sobre o lucro presumido, excluindo de sua base de cálculo o ICMS ou o ISS, conforme o caso.

Especificamente em relação à exclusão do ICMS e do ISS da base de cálculo, esse tema ainda não chegou ao STF. Porém, já existem diversas decisões pelos tribunais favoráveis aos contribuintes. Como houve uma conceituação pelo STF do que é receita bruta, excluindo o ICMS, há indicação de que o STF também será favorável aos contribuintes, para não haver uma incoerência e uma insegurança jurídica em sua própria definição. Um dos princípios basilares de nosso sistema jurídico é o princípio da segurança jurídica, em que se espera fortemente que as decisões judiciais sejam estáveis e não sejam contraditórias entre si.

Essa ação também pode ser impetrada na forma de mandado de segurança, tendo o benefício de não haver risco de pagamento de honorários advocatícios à outra parte, caso haja insucesso na decisão final, e ainda tem o benefício de haver menor investimento em custas judiciais. Para maiores detalhes, favor ler o que foi escrito na Ideia 1. acima.

Da mesma forma que nos temas anteriores, é possível pedir que o juiz conceda uma medida liminar para, nas vendas futuras, excluir o ICMS ou ISS da base de cálculo da receita bruta do lucro presumido. Independente de haver ou não pedido de medida liminar, a empresa deverá requerer que o valores pagos a maior nos 5 anos anteriores ao ajuizamento da ação sejam restituídos em dinheiro ou compensados com outros tributos administrados pela Receita Federal do Brasil, como, por exemplo, imposto de renda, CSLL, PIS, COFINS, etc. A restituição ou compensação será realizado em valores atualizados pela taxa Selic, a partir da data do pagamento do tributo.

Obviamente, deverá ser pedido também que a decisão final contemple não só o período passado, mas também todo o período futuro após o ingresso da ação.

Para maiores detalhes, favor ler o que foi escrito Ideia 1. acima, especialmente sobre as precauções que a empresa deve observar e a possibilidade de realizar depósito judicial.

Repetindo e relembrando, apesar de ser o mesmo fundamento da Ideia 1. acima, ainda não há decisão final sobre esta ideia, estando dependente do judiciário, mas, quanto mais cedo ingressar com uma ação judicial, maior será o período de tempo do benefício econômico em caso de decisão final favorável às empresas.

Esta ideia somente se aplica às empresas optantes pelo lucro presumido, pois o lucro presumido tem como base de cálculo a receita bruta da empresa. Também se aplicaria às empresas tributadas pelo lucro arbitrado, mas esse é um sistema tributário que somente é utilizado em situações excepcionais.

Ideia 4.   Exclusão do ICMS e ISS da sua própria base de cálculo

Aplicável às empresas que pagam ICMS ou ISS e são tributadas pelo lucro real, presumido ou arbitrado.

Esta é mais um ideia filha da Ideia 1. acima. No Brasil, o usual é o ICMS e o ISS serem calculados sobre o preço final do produto ou serviço, estando já embutido no preço o próprio imposto. Essa sistemática de embutir o próprio imposto no preço resulta em maior imposto a pagar. O que se busca é alterar essa sistemática a partir dos fundamentos da decisão do STF sobre a exclusão do ICMS da base de cálculo do PIS e da COFINS. Explico melhor a seguir.

Conforme já mostrado na Ideia 1. acima, o STF decidiu que o ICMS não deve fazer parte da base de cálculo do PIS e da COFINS. Vez que o ICMS não deve fazer parte da base de cálculo do PIS e da COFINS, por que ele deveria fazer parte da sua própria base de cálculo? A nova ideia aqui é estender esse entendimento para excluir o ICMS e o ISS de sua própria base de cálculo, pois as razões são as mesmas.

Vamos entender essa ideia com um exemplo. Suponha que sua empresa faça uma venda de R$ 100.000,00 e o ICMS com alíquota de 18% sobre essa venda seja R$ 18.000,00. Isso significa que o preço líquido do produto, que realmente fica para a empresa após abater o ICMS, é R$ 82.000,00. A ideia é que o ICMS final a pagar seja calculado sobre o preço líquido de R$ 82.000,00 e não sobre R$ 100.000,00. Então, o ICMS final a pagar resultaria em 18% de R$ 82.000,00, o que corresponde a R$ 14.760,00, proporcionando uma economia de R$ 3.240,00 nessa venda. É algo considerável a ser economizado. Se esta empresa mantiver uma receita mensal de R$ 100.000,00 com alíquota de 18% de ICMS, ela teria direito a uma restituição de R$ 162.000,00 relativo aos últimos 5 anos.

Especificamente em relação à exclusão do ICMS e do ISS da base de cálculo, esse tema ainda não chegou ao STF. Porém, já existem decisões judiciais favoráveis aos contribuintes. Como houve uma conceituação pelo STF do que é receita bruta, excluindo o ICMS, há indicação de que o STF também será favorável aos contribuintes para este tema aqui, para não haver uma incoerência e uma insegurança jurídica em sua própria definição. Um dos princípios basilares de nosso sistema jurídico é o princípio da segurança jurídica, em que se espera fortemente que as decisões judiciais sejam estáveis e não sejam contraditórias entre si.

Da mesma forma e com o mesmo fundamento da ideia anterior relativa ao ICMS, esta ideia só é aplicável para empresas optantes pelo lucro real, presumido e arbitrado, ficando impossibilitado para empresas optantes pelo Simples Nacional.

Essa ação também pode ser impetrada na forma de mandado de segurança, tendo o benefício de não haver risco de pagamento de honorários advocatícios à outra parte, caso haja insucesso na decisão final, e ainda tem o benefício de haver menor investimento em custas judiciais.

Para maiores detalhes, favor ler o que foi escrito na Ideia 1. acima.

Da mesma forma que nas ideias anteriores, é possível pedir que o juiz conceda uma medida liminar para, nas vendas futuras, excluir o ICMS ou ISS da sua própria base de cálculo. Independente de haver ou não pedido de medida liminar, a empresa deverá requerer que o valores pagos a maior nos 5 anos anteriores ao ajuizamento da ação sejam restituídos em dinheiro ou compensados com outros tributos administrados pela Receita Federal do Brasil, como, por exemplo, imposto de renda, CSLL, PIS, COFINS, etc. A restituição ou compensação será realizada em valores atualizados pela taxa Selic, a partir da data do pagamento do tributo.

Obviamente, deverá ser pedido também que a decisão final contemple não só o período passado, mas também todo o período futuro após o ingresso da ação.

Para maiores detalhes, favor ler o que foi escrito na Ideia 1. acima, especialmente sobre as precauções que a empresa deve observar e a possibilidade de realizar depósito judicial.

Ideia 5. Exclusão do PIS e COFINS de sua própria base de cálculo

Aplicável às empresas que pagam PIS e COFINS e são tributadas pelo lucro real, presumido ou arbitrado.

Essa ideia é irmã da Ideia 4. acima. Tudo que foi apontado para a exclusão do ICMS e ISS de sua própria base de cálculo se aplica ao PIS e COFINS, pois são exatamente os mesmos fundamentos, só que aplicados ao PIS e COFINS. Por isso, é desnecessário repeti-los novamente.

Liminar Autoriza Exclusão De Pis/Cofins Da Base De Cálculo Do Pis/Cofins

Juiz do RS aplicou ao caso decisão do STF que excluiu o ICMS da base de calculo do PIS e da Cofins

A ideia é calcular o PIS e o COFINS sobre o valor líquido da receita da empresa, depois de abater o próprio valor do PIS e COFINS. Leia os fundamentos da Ideia 4. acima para entender melhor o fundamento deste raciocínio.

Esse tema já chegou ao STF, sendo relatora a Ministra Carmem Lúcia, a mesma relatora do processo da Ideia 1. acima, que foi favorável aos empresários. A

Tema

1067 - Inclusão da COFINS e da contribuição ao PIS em suas próprias bases de cálculo.

Há Repercussão?
Sim

Relator: MIN. CÁRMEN LÚCIA

Leading Case: RE 1233096

Ver descrição [+]

Recurso extraordinário em que se discute, à luz do artigo 195, inciso I, alínea b, da Constituição Federal, a constitucionalidade da inclusão da COFINS e da contribuição ao PIS em suas próprias bases de cálculo. [-]

lógica e o bom senso dizem que o resultado favorável deveria ser o mesmo para as duas ideias e a tendência é que novamente ele seja favorável às empresas. Inclusive, em outras instâncias do judiciário, as decisões têm sido favoráveis aos contribuintes.

Pelos benefícios de redução do valor do PIS e COFINS, inclusive a restituição dos últimos 5 anos, o investimento para utilizar esta ideia geralmente é muito baixo, cabendo ao empresário avaliar o aproveitamento desta oportunidade. Se o resultado for positivo, poderá representar considerável lucro ao empresário.

Ideia 6. Recuperação do PIS e COFINS monofásico e outros tributos.

Aplicável às empresas que vendem produtos pelo sistema monofásico de tributação, optantes por qualquer tipo de regime de tributação, inclusive pelo Simples Nacional.

Em alguns ramos de atividade e para determinados produtos, o PIS e a COFINS já são pagos totalmente pela indústria ou pelo importador, no chamado regime monofásico de tributação (somente uma fase de tributação). É uma forma de facilitar a vida do governo, na medida em que ele cobra mais da indústria e não precisa se preocupar em cobrar e fiscalizar os revendedores e varejistas. Ou seja, quando os revendedores e os varejistas revendem produtos tributados pelo regime monofásico, não precisam pagar novo PIS e COFINS porque, como foi dito, já foi totalmente pago pela indústria ou pelo importador.

Mas, adivinhe o que acontece, na prática, com muitas empresas revendedoras e varejistas? Não ficam atentas a isso e acabam pagando indevidamente PIS e COFINS que já foram integralmente pagos no regime monofásico pela indústria ou importador.

A ideia aqui é verificar se isso está acontecendo na sua empresa, caso ela venda produtos tributados pelo regime monofásico do PIS e COFINS.

Primeiro, a empresa precisa checar se vende produtos tributados pelo regime monofásico do PIS e COFINS, os quais são: combustíveis, higiene pessoal, medicamentos, cosméticos, alguns tipos de máquinas, veículos, autopeças e bebidas frias (água, refrigerantes, etc.).

Depois, caso a empresa revendedora ou varejista tenha pago indevidamente PIS e COFINS sobre esses produtos, é necessário identificar as operações de vendas em que foi feito o cálculo errado e fazer uma retificação das declarações erradas enviadas à Receita Federal para pedir a devolução dos valores pagos indevidamente. Provavelmente, não será necessário recorrer à via judicial, pois a Receita Federal tem atendido esses pedidos de restituição sem colocar obstáculos. Os atacadistas e varejistas, como farmácias, lojas de autopeças, supermercados, etc., **optantes pelo Simples Nacional**, também têm direito de não pagar PIS e COFINS sobre produtos monofásicos. Tem acontecido da prática desse erro ser frequente pelas empresas do Simples Nacional. Independente do regime de tributação, seja lucro real, presumido, arbitrado ou Simples Nacional, esta ideia é aplicável e a correção de possíveis enquadramentos equivocados pode gerar uma economia mensal em tributos e a restituição dos últimos cinco anos pagos a maior.

Ideia 7. Redução da contribuição a terceiros calculada sobre a folha de pagamento

Aplicável às empresas que possuem folha de pagamento e são optantes pelo lucro real, presumido ou arbitrado, não sendo aplicável às empresas optantes pelo Simples Nacional.

Todos os empresários sentem na pele os encargos pesados incidentes sobre a folha de pagamento. Exceto para empresas do Simples Nacional, todos pagam e muitos não sabem com detalhes é que dentro desses encargos está o pagamento de uma contribuição que é calculada sobre o valor da folha de pagamento e que é direcionada a terceiros, como o Sistema S (Sesc, Senai, Sebrae, Sesi, Senai), Incra, etc.

Liminares reduzem contribuição ao 'Sistema S' para grupos de empresas

Decisões limitam base de cálculo da cobrança a 20 salários mínimos

Esta ideia é justamente limitar o valor desse encargo sobre a folha de pagamento destinado a terceiros. A alíquota dessa contribuição depende da atividade desempenhada pela empresa, podendo chegar a 7,7% sobre o valor da folha de pagamento.

Vou explicar a seguir do que se trata esse tema. O art. 4º da Lei 6.950/81 determina que a base de cálculo máxima que deve ser utilizada para a contribuição destinada a terceiros deve ser no máximo 20 salários mínimo. Veja que o limite é da base de cálculo, a qual é o valor que se toma por base para aplicar a alíquota e encontrar o valor do tributo a ser pago.

Hoje, 20 salários mínimos correspondem a R$ 22.000,00. Então, mesmo que o valor total da folha de pagamento da empresa seja R$ 100.000,00, o cálculo da contribuição destinada a terceiros deveria ser sobre R$ 22.000,00 e não sobre R$ 100.000,00. Em uma empresa que pague, por exemplo, uma alíquota de 5,8%, isso representa uma diferença mensal de R$ 4.524,00 a favor do empresário, representando um ganho anual de R$ 54.288,00, nessa simulação.

Acontece que a Receita Federal entende que esse art. 4º foi revogado e não tem mais validade, obrigando as empresas a pagarem a contribuição destinada a terceiros sobre o valor total da folha de pagamento.

Contudo, entende-se que essa revogação não aconteceu e o limite de 20 salários mínimos ainda deveria estar valendo. Várias decisões judiciais em diferentes instâncias tem sido favoráveis aos empresários.

Sobre esse tema, a jurisprudência do STJ está dividida e será este órgão judiciário que provavelmente dará a palavra final. Quando o processo é analisado pela 1ª turma do STJ, o que tem acontecido é o resultado ser favorável ao empresário, enquanto que na 2ª turma tem acontecido de ser desfavorável. O STJ irá unificar o seu entendimento para que dentro da própria corte não haja decisões discordantes.

É sempre a mesma estratégia: pode ser uma ideia que se torne definitivamente favorável ao empresário e a cada mês que se passa, talvez, ele esteja perdendo um mês de parar de pagar contribuições destinadas a terceiros acima do valor devido. Se, no final, a decisão final for desfavorável, geralmente o investimento realizado com o processo é pequeno, conforme já explicado nas primeiras ideias acima, ao passo que se for favorável, a oportunidade de lucro é grande. Repito novamente que cabe ao empresário avaliar os benefícios em relação ao investimento.

Ideia 8.   Valores da folha de pagamento sobre os quais não se devam pagar contribuições pela empresa

Aplicável às empresas que possuem folha de pagamento e são optantes pelo lucro real, presumido ou arbitrado, não sendo aplicável às empresas optantes pelo Simples Nacional.

Existem vários tipos de valores (salários, indenizações, auxílios, etc.) que são pagos aos empregados. Em parte desses valores (verbas) deve incidir o pagamento de contribuições (previdenciária, terceiros, SAT, etc). Mas, em outra parte não deve haver essa incidência. Como são vários tipos de verbas, pode haver equívocos por parte da empresa e acabar pagando contribuições indevidas, onerando ainda mais os encargos tributários da folha de pagamento.

A ideia aqui é checar se a empresa está pagando contribuições sobre valores que não incidem contribuições. Se estiver, a empresa deve corrigir isso e, ainda mais, pedir a restituição dos últimos cinco anos do que pagou indevidamente.

Outra utilidade desta ideia é a empresa poder checar se está pagando valores ao empregado com o nome errado da verba, pois pode acontecer de a empresa pagar para o empregado algum valor e utilizar justamente a verba errada que incide contribuição previdenciária. Por exemplo, pode ser que a empresa indenize as férias do empregado, mas nomeie o pagamento como férias gozadas. Sobre férias gozadas incidem contribuições, mas sobre férias indenizadas não incidem.

Nesse caso, a empresa tem que corrigir o nome da verba que está usando para deixar de pagar contribuições sobre a verba incorreta.

Vale salientar que sobre verbas indenizatórias, aquelas que são pagas ao empregado para compensar alguma perda que ele tenha, e sobre verbas não habituais, aquelas que são pagas eventualmente ao empregado e sem regularidade, não incidem contribuições. A regra geral é que somente sobre verbas salariais, aquelas pagas ao empregado para remunerar algum trabalho realizado por ele, é que incidem contribuições.

É mais produtivo listar aqui todas as **verbas que não incidem contribuições** e se concentrar em checar se a empresa está pagando contribuições indevidamente sobre estas verbas, como também, se está usando o nome correto da verba. **Há um efeito adicional desta ideia** porque, lendo essa listagem abaixo, poderá sair de sua mente ideias de benefícios que a empresa pode pagar aos empregados e que não irão onerar a empresa em tributação sobre esses pagamentos. São estas:

1) **Abono salarial:** quantia que o Empregador concede a seus empregados de forma espontânea e em caráter transitório ou eventual ou por determinação legal.

2) **Abono pecuniário:** é a conversão de 1/3 de período de férias a que tem direito, em espécie (dinheiro), ou seja, a venda de 10 dias de férias.

3) **Ajuda de custo para mudança do local de trabalho:** pagamento único destinado a indenizar as despesas do empregado, oriundas de sua transferência para local diferente daquele em que tem domicílio.

4) **Auxílio-alimentação:** auxílio pago de acordo com o PAT – Programa de Alimentação do Trabalhador, vedado seu pagamento em dinheiro.

5) **Assistência escolar:** o valor relativo a plano educacional que vise à educação básica, nos termos do art. 9º, da Lei nº 9.394/96, e a cursos de capacitação e qualificação profissionais vinculados às atividades desenvolvidas pela empresa, desde que não seja utilizado em substituição de parcela salarial e que todos os empregados e dirigentes tenham acesso ao mesmo.

6) **Assistência médica ou odontológica:** prestada aos trabalhadores pela própria empresa ou por meio de convênios (planos de saúde), inclusive reembolso de despesas médico-hospitalares, desde que a cobertura abranja a totalidade dos empregados e dirigentes da empresa.

7) **Auxílio-doença (primeiros 15 dias):** os primeiros 15 dias que antecedem a concessão do benefício do INSS. Somente recentemente, devido a decisão judicial, o fisco não está cobrando contribuições sobre esses primeiros 15 dias. Para receber de volta os últimos 5 anos em que o fisco não aceitava essa não incidência, é necessário recorrer ao judiciário para pedir essa restituição.

8) **Auxílio-doença (complementação salarial):** a importância paga ao empregado a título de complementação ao valor do auxílio-doença, desde que este direito seja extensivo à totalidade dos empregados da empresa. Este é um benefício que pode ser concedido a todos empregados para lhe dar uma ajuda complementar quando eles estiverem doentes. Funciona assim: em caso de doença, os empregados recebem do INSS o auxílio-doença normal e, além deste, a empresa pagaria um auxílio-doença complementar.

9) **Aviso Prévio Indenizado:** quando a rescisão de contrato se dá imediatamente, ou seja, sem avisar com antecedência ao empregado, diz-se que o pagamento é indenizado devido à

falta de antecedência em avisar ao empregado, e sobre o valor pago não incidem contribuições.

10) **Benefícios da Previdência Social:** benefícios recebidos do INSS pelo empregado, por qualquer motivo. Isso é lógico porque se é o INSS quem está pagando, não há motivo para a empresa ser tributada por um valor não pago por ela.

11) **Bolsa de Estágio:** pagamento realizado a estagiários, estudantes regularmente matriculados e com frequência efetiva nos cursos vinculados ao ensino oficial e particular, em nível superior e de 2° grau profissionais e de escola de educação especial.

12) **Cesta Básica:** deve estar de acordo com o PAT (Programa de Alimentação ao Trabalhador) para não pagar contribuições ao governo.

13) **Creche:** o reembolso creche pago em conformidade com a legislação trabalhista, observado o limite máximo de seis anos de idade. Inclui também o reembolso babá, observado o limite máximo de seis anos de idade da criança e as demais regras para este benefício.

14) **Diárias para Viagem:** valores pagos para cobrir as despesas com alimentação e hospedagem nas viagens do empregado a serviço da empresa, até o limite de 50% da remuneração mensal do empregado.

15) **Direitos Autorais:** pagamento pela exploração de obras artísticas, sem vínculo empregatício ou locação de serviços.

16) **Férias atrasadas com multa em dobro:** pagamento do adicional de 100% quando as férias são concedidas após o prazo legal.

17) **Férias indenizadas:** quando pagas na rescisão referente a férias adquiridas e não gozadas durante o período de trabalho.

18) **Habitação:** quando fornecida ao empregado contratado para trabalhar em localidade distante de sua residência e em canteiro de obras.

19) **Incentivo à demissão:** valores pagos em planos de demissão incentivada e voluntária.

20) **Licença-prêmio indenizada:** quando o empregado tem direito a licença-prêmio, ou seja, passar um período sem trabalhar recebendo remuneração, mas continua trabalhando e recebe um pagamento como indenização correspondente à mesma remuneração do período de tempo que poderia ficar sem trabalhar.

21) **Lucros Distribuídos:** pagamento realizado aos sócios relativo à sua participação nos lucros da empresa.

22) **Multas:** incluídas em acordo ou sentença de ação trabalhista e as relativas ao pagamento em atraso de rescisão contratual.

23) **Participação nos Lucros:** quando paga ou creditada ao empregado de acordo com a lei específica. Se não obedecer aos critérios da lei, terá que pagar contribuições sobre este benefício. Observe que participação nos lucros se refere a pagamento a empregados, enquanto que lucros distribuídos se referem a pagamento aos sócios.

24) **Prêmio:** remuneração concedida ao empregado por desempenho superior ao esperado e que poderá ser concedido em dinheiro ou bens e serviços

25) **Previdência Privada:** valor das contribuições efetivamente pago pela empresa relativa ao programa de previdência complementar privada e do prêmio de seguro de vida em grupo, desde que disponível à totalidade de seus empregados e dirigentes, observados os requisitos da lei.

26) **Salário-família:** valor pago dentro dos limites dos valores legais. Esse salário-família é pago pela empresa, mas é reembolsado pelo governo à empresa através do abatimento

de seu valor na contribuição previdenciária a ser paga pela empresa.

27) **Vale-transporte:** pagamento do transporte para o empregado se deslocar para e do trabalho.

28) **Veículos (uso de veículo próprio do empregado):** ressarcimento de despesas realizadas pelo empregado relativo ao uso de seu próprio veículo para realizar o seu trabalho.

29) **Vestuários, equipamentos e outros acessórios**: fornecidos ao empregado e utilizados no local do trabalho para prestação dos respectivos serviços.

A regra geral é que aqueles benefícios que **não** têm incidência de contribuições devem ser oferecidos a todos os empregados e dirigentes da empresa, não podendo se restringir a determinados grupos de empregados. Caso haja limitação a somente determinados grupos se beneficiarem, deverá haver tributação.

Sobre algumas verbas e benefícios pagos aos empregados, no entendimento do fisco, ainda incidem contribuições a serem pagas pela empresa. Contudo, as decisões judiciais têm sido diferentes do fisco e favoráveis às empresas. Para as verbas a seguir, a empresa pode avaliar a sua situação e pedir judicialmente que não haja essa incidência:

1) **Abono assiduidade:** a jurisprudência do STJ firmou-se no sentido de que não incide contribuição previdenciária sobre as verbas pagas a título de abono assiduidade, para recompensar a assiduidade do empregado.

2) **Auxílio educação:** enquanto a assistência escolar somente prevê a educação básica, até o ensino médio, e ensino profissionalizante, o auxílio educação estende o auxílio a outras esferas de educação como graduação e pós-graduação.

Há entendimento do STJ que sobre o auxílio educação também não incidem tributos na forma de contribuições.

3) **Auxílio natalidade e auxílio funeral:** mais um entendimento do STJ de que sobre estes auxílios não incidem contribuições a serem pagas pela empresa.

4) **Primeiros 15 dias de afastamento mesmo que o empregado não receba auxílio-doença após esses primeiros 15 dias:** o fisco aceita que sobre os primeiros 15 dias de afastamento não incidam contribuições somente quando após os primeiros 15 dias o empregado continue afastado, e comece a receber o auxílio-doença do INSS. Contudo, há uma interpretação que a decisão do STJ é que essa não incidência não tem a limitação imposta pelo fisco e seria possível realizar um pedido judicial para não sofrer essa incidência nos primeiros 15 dias de afastamento, mesmo que não haja continuidade de afastamento após os primeiros 15 dias.

5) **Salário-maternidade:** o fisco exige indevidamente o pagamento de contribuições sobre esse valor. Já que este é um benefício devido e pago pelo INSS, há decisão do STF favorável às empresas que ingressaram com uma ação judicial. Com fundamento na jurisprudência do STF, é possível realizar um pedido judicial para requerer que a empresa não pague contribuições sobre o salário-maternidade.

Ideia 9. Beneficiar os empregados com auxílio alimentação sem incidir tributos e encargos trabalhistas e ainda obter o incentivo de descontar em dobro no imposto de renda a pagar

Aplicável às empresas optantes pelo lucro real.

Todos sabem que, se uma empresa aumentar o salário de um empregado, virá junto uma série de encargos trabalhistas sobre este aumento, como os tributos previdenciários, FGTS, férias, 13º salário, etc. O que poderia ser algo a beneficiar e motivar o trabalhador é desestimulado pelos tributos e encargos trabalhistas.

A ideia aqui é prestar atenção em pagar um auxílio que beneficia o empregado sem a incidência de tributos e encargos trabalhistas e, o melhor, para empresas do lucro real, há um incentivo fiscal de poder abater em dobro, dentro de um limite, no imposto de renda a ser pago pela empresa. Explicarei melhor a seguir.

Para qualquer tipo de empresa que decida pagar auxílio alimentação (vale alimentação ou vale refeição), não terá que pagar tributos ou encargos trabalhistas, desde que a empresa esteja inscrita no Programa de Alimentação do Trabalhador (PAT). Até mesmo o empregado não paga imposto de renda e contribuição previdenciária sobre o auxílio alimentação recebido. Não pagar tributos e encargos trabalhistas sobre esse auxílio já é, por si só, uma ideia e estratégia vantajosa para a empresa e para o empregado.

Além das vantagens descritas acima, as empresas do lucro real ainda têm um incentivo fiscal com benefício adicional, pois elas têm um desconto em dobro no imposto de renda. Para essas empresas, o auxílio alimentação é uma despesa como qualquer outra que reduz o lucro real e, consequentemente, reduz o valor final do imposto de renda a pagar. O incentivo fiscal está justamente na etapa posterior: o valor pago pelo auxílio alimentação pode também, dentro de um limite, ser abatido do valor final do imposto de renda a pagar, sendo este o motivo que digo que o auxílio alimentação pode descontar em dobro no imposto de renda a pagar. Qualquer despesa comum somente reduz a base de cálculo do imposto de renda da empresa, enquanto que o auxílio alimentação cadastrado no PAT, pode ir além e deduzir diretamente do valor final do imposto de renda, dentro do limite de 4% do valor do imposto de renda calculado com a alíquota de 15%. Muitas empresas que pagam auxílio alimentação não sabem desse incentivo fiscal adicional e estão deixando de reduzir legalmente o seu imposto de renda.

Vamos entender melhor com um exemplo passo a passo. Vamos partir de uma empresa que não pague auxílio alimentação a seus empregados e que tenha um lucro anual de R$ 1.000.000,00. Ela teria que pagar 15% de imposto de renda sobre esse lucro, resultando em R$ 150.000,00. Teria que pagar também o adicional de 10% de imposto de renda, mas para nosso exemplo do auxílio alimentação este adicional não tem importância e vamos desconsiderá-lo. Vamos considerar que essa empresa decidiu pagar auxílio alimentação em um ano no valor de R$ 100.000,00, reduzindo seu lucro anual para R$ 900.000,00. Agora, o imposto de renda de 15% é reduzido para R$ 135.000,00. Ou seja, como qualquer despesa, esse auxílio reduz o lucro e, consequentemente, também o imposto de renda calculado sobre este lucro.

Chegou o momento de visualizar o efeito do incentivo fiscal. Até 4% do imposto de renda calculado à alíquota de 15% pode ser abatido pelo auxílio de alimentação pago. Assim, 4% de R$ 135.000,00 é igual a R$ 5.400,00. Como o valor pago pelo auxílio alimentação é superior a R$ 5.400,00, poderá reduzir o imposto de renda em R$ 5.400,00, passando de R$ 135.000,00 para R$ 129.600,00 o valor do imposto de renda final a pagar, representando uma economia de R$ 5.400,00.

Existem outras características a respeito do PAT, como por exemplo, a possibilidade da empresa descontar do empregado 20% do valor do auxílio alimentação concedido.

Resumindo, não há tributação e encargos trabalhistas sobre o pagamento do auxílio alimentação que esteja cadastrado no PAT, sendo que, para as empresas no lucro real, o seu pagamento gera despesa que reduz o lucro líquido tributável e se beneficiam de um incentivo fiscal de abater o valor pago diretamente no imposto de renda a pagar, até o limite de 4% do imposto de renda calculado à alíquota base de 15%.

Como qualquer tributo pago a maior, caso sua empresa esteja no lucro real e não se aproveitou do incentivo fiscal explicado acima, ela pode pedir a restituição dos últimos cinco anos.

Ideia 10. Realizar um laudo técnico para enquadrar a empresa na sua alíquota correta do GIL-RAT (antigo SAT)

Aplicável às empresas que possuem folha de pagamento e são optantes pelo lucro real, presumido ou arbitrado, não sendo aplicável às empresas optantes pelo Simples Nacional.

Sobre a folha de pagamento, as empresas pagam uma contribuição chamada GIL-RAT (Grau de Incidência de Incapacidade Laborativa decorrente dos Riscos Ambientais do Trabalho), antigamente chamada de SAT (Seguro de Acidente do Trabalho), com o intuito de financiar o pagamento de benefícios ou aposentadoria especial aos empregados em caso de ocorrência de alguma doença decorrente da atividade em seu trabalho ou decorrente de acidente de trabalho. Veja que a impossibilidade do empregado trabalhar deve ter como causa a própria atividade que ele executa no trabalho. É como se fosse um seguro pago pela empresa para cobrir problemas causados ao empregado pela atividade de trabalho desenvolvida dentro da empresa.

A alíquota a ser paga sobre a folha de pagamento relativa ao GIL-RAT depende do grau de risco da atividade preponderante desenvolvida pela empresa, e varia entre 1%, quando o risco da atividade preponderante é considerado leve, 2%, quando considerado médio, e 3%, quando considerado grave.

O problema acontece quando a empresa desenvolve mais de uma atividade. Nessa situação, deve-se buscar a atividade preponderante que é desenvolvida pelo maior número de seus empregados. Muitas empresas simplesmente consideram preponderante a atividade principal que consta em seu cartão de CNPJ, o que não é necessariamente a atividade desenvolvida pelo maior número de empregados, e com isso, acabam por fazer um enquadramento errado em alíquota superior à correta, pagando mais do que deveria.

A ideia aqui é realizar um levantamento e um estudo dentro de um Laudo Técnico de Condições Ambientais do Trabalho (LTCAT) que contenha a atividade desenvolvida por cada empregado e, a partir daí, encontrar a atividade preponderante desenvolvida pelo maior número de empregados e poder pagar pela alíquota correta. O LTCAT pode até ser dispensado, mas a empresa precisa, de alguma forma, apurar o número de trabalhadores que desenvolvem cada atividade existente no estabelecimento e considerar como preponderante aquela atividade que tiver o maior número de empregados. Contudo, o LTCAT é mais aconselhável porque ele contém vários elementos que propiciam um maior suporte a esta apuração.

Vamos entender melhor com um exemplo. Imagine uma empresa que realize o processamento de materiais radioativos, evidentemente de alto risco. Mas, dentre os seus 50 empregados, somente 10 manipulam diretamente o material nocivo, enquanto que os outros 40 estão alocados em setores de administração, contabilidade, manutenção, informática, entre outros, todos sujeitos a um grau de risco leve ou médio. É fácil concluir que a atividade preponderante da empresa, para fins de apuração do risco majoritário das atividades laborais, é de risco leve ou, no máximo, médio, pois o maior número de empregados está exposto a atividades de risco baixo ou médio. Se a atividade de processamento de materiais radioativos constar como principal no cartão de CNPJ dessa empresa, ela iria pagar uma alíquota de 3%. Realizando um laudo para contar o número de empregados em cada atividade, a alíquota correta é de somente 1%, ou no máximo 2%, a depender do resultado da contagem do número de empregados por atividade. Em resumo, o que importa para o GIL-RAT é a atividade preponderante do maior número de empregados e não a atividade principal constante no cartão de CNPJ.

Como em todos os tributos, caso haja erro na alíquota nos últimos 5 anos, é possível a empresa pedir restituição dos valores pagos indevidamente.

Ideia 11. Agrupar por grau de risco os empregados em filiais ou CNPJ diferentes para reduzir o risco da atividade preponderante em cada estabelecimento

Aplicável às empresas que possuem folha de pagamento e são optantes pelo lucro real, presumido ou arbitrado, não sendo aplicável às empresas optantes pelo Simples Nacional.

Vimos na Ideia 9. acima que a determinação da alíquota da contribuição ao GIL-RAT (antigo SAT) depende da atividade preponderante executada pelo maior número de empregados da empresa. Quanto maior o risco da atividade preponderante, maior a alíquota, variando entre 1%, 2% e 3%. Essa é uma contribuição que atinge a todas empresas que tenham empregados.

Ocorre que, dentro de um mesmo estabelecimento ou filial, podem conter empregados desempenhando atividades de baixo risco como também empregados executando atividades de alto risco. A alíquota do GIL-RAT vai ser da atividade que tiver maior número de empregados a executando, chamando-a de atividade preponderante. Se o maior número de empregados executarem uma atividade de alto risco, a alíquota do GIL-RAT será a máxima de 3%.

A ideia aqui é agrupar os empregados em filiais (CNPJ) diferentes, de maneira que os empregados que desempenham as atividades de alto risco fiquem em uma filial ou na matriz e os que desempenham as atividades de menor risco fiquem em outra filial. Assim, uma filial ou a matriz terá menos empregados pagando o GIL-RAT pela alíquota máxima de 3%, e na outra filial pagará 1% ou, no máximo, 2%.

Vamos usar como exemplo uma companhia de transporte aéreo de passageiro. A atividade de transporte aéreo de passageiros é de alto risco e tem uma alíquota de 3% para o GIL-RAT. Mas, a atividade de manutenção das aeronaves enquanto ele está na pista é de menor risco, e possui uma alíquota de 1%. Se todos os empregados estiverem no mesmo CNPJ e o número de empregados envolvidos for maior na atividade de transporte aéreo do que na atividade de manutenção, a alíquota sobre todos os empregados será de 3%. Agrupando os empregados envolvidos no transporte aéreo na matriz ou em uma filial e agrupar os empregados envolvidos na manutenção em outra filial, haverá menos empregados incidindo a alíquota máxima de 3% e os empregados da manutenção passarão a ter incidência da menor alíquota de 1%, resultando em uma economia tributária dentro da legalidade.

É perfeitamente possível os empresários organizarem e estruturarem suas empresas da forma que seja melhor para eles distribuírem o risco de suas operações. Esta é uma ideia de planejar e distribuir o risco entre estabelecimentos da empresa, para não contaminar atividades de baixo risco com atividades de alto risco, sendo uma atitude desejável do ponto de vista empresarial, que tem como consequência a redução da tributação. Lembre-se que sempre em todo planejamento tributário legal deve haver primeiramente um propósito empresarial e não ser a redução de tributos o único objetivo.

Ideia 12. Passar um pente fino no cálculo do FAP, além de prevenir os riscos de acidentes e doenças laborais para reduzir o FAP

Aplicável às empresas que possuem folha de pagamento e são optantes pelo lucro real, presumido ou arbitrado, não sendo aplicável às empresas optantes pelo Simples Nacional.

Conforme vimos na Ideia 9. e na Ideia 11. acima descritas, a definição da alíquota base do GIL-RAT (antigo SAT) depende do grau de risco da atividade preponderante da empresa. Lembrando que sua alíquota base pode variar entre 1% para risco leve, 2% para risco médio e 3% para risco grave. Funciona como uma espécie de seguro para cobrir os benefícios a serem pagos aos empregados que sofrerem algum acidente no trabalho ou alguma doença decorrente do trabalho ou que sejam contemplados com aposentadoria especial. Como em todo seguro, quanto maior o risco, maior alíquota a empresa paga por ele e vice-versa.

Para privilegiar e aliviar aqueles que controlam e previnem riscos e, consequentemente, gerem menos despesas para o governo pagar benefícios aos acidentados e doentes em decorrência do trabalho, adotando as melhores práticas que evitem a ocorrência de acidentes e doenças laborais, o governo criou um mecanismo inteligente que reduz a alíquota final do GIL-RAT a ser paga por esses benfeitores. De modo inverso, para desencorajar e onerar ainda mais aqueles displicentes que não controlam e previnem riscos, gerando mais despesas para o governo, esse mesmo mecanismo aumenta a alíquota final do GIL-RAT.

Esse mecanismo de aliviar ou onerar ainda mais a empresa é realizado através de um fator que deve ser multiplicado à alíquota base do GIL-RAT (1% ou 2% ou 3%) da empresa, resultando em uma maior ou menor alíquota final. Esse fator se chama Fator Acidentário de Prevenção (FAP) e pode variar entre 0,5 e 2. As empresas em que a ocorrência de acidentes ou doenças do trabalho seja bem pequena ou inexistente terão um FAP igual ou bem próximo a 0,5. Por outro lado, as empresas que tiverem muitos acidentes ou doenças do trabalho terão um FAP igual ou bem próximo a 2. Ao multiplicar o FAP (0,5 a 2) da empresa pelo seu GIL-RAT (1%, 2% e 3%), encontra-se a alíquota final a ser paga pela empresa.

Por exemplo, uma empresa cuja atividade preponderante seja de risco leve terá uma alíquota base do GIL-RAT igual a 1%. Caso ela também não possua histórico de qualquer acidente ou doença do trabalho, ela terá um FAP igual a 0,5. Multiplicando 1% por 0,5 resulta em uma alíquota final de 0,5%. Se essa empresa tiver uma folha de pagamento igual a R$ 100.000,00 por mês, ela vai pagar somente R$ 500,00 a cada mês relativo ao GIL-RAT.

Seguindo o exemplo com outra empresa cuja atividade preponderante seja de risco grave, terá ela uma alíquota base do GIL-RAT igual a 3%. Caso ela também possua histórico de excessiva quantidade de acidentes ou doenças do trabalho, ela provavelmente terá um FAP igual a 2. Multiplicando 3% por 2 resulta em uma alíquota final de 6%. Se essa empresa tiver uma folha de pagamento igual a R$ 100.000,00 por mês, ela vai pagar R$ 6.000,00 a cada mês relativo ao GIL-RAT.

É importante salientar que o FAP pode assumir qualquer valor intermediário entre 0,5 e 2, a depender do nível de ocorrência de acidentes e doenças do trabalho. Observe que o FAP pode reduzir à metade (0,5) a alíquota final do GIL-RAT como também dobrar esta mesma alíquota final quando o FAP chega a 2.

A ideia aqui é justamente passar um pente fino e conferir o cálculo que o governo faz anualmente, quando atualiza o FAP de cada empresa com base nas ocorrências de acidentes e doenças do trabalho do ano anterior. Por vezes, podem acontecer erros no cálculo do governo e a empresa tem o direito de acessar como foi feito o cálculo anual de seu FAP para verificar se há irregularidades.

O erro mais comum é serem incluídos no cálculo benefícios pagos a empregados que não têm qualquer relação com acidentes ou doenças decorrentes do trabalho. Se um empregado tiver uma infecção que não foi adquirida em decorrência de suas atividades na empresa, o auxílio doença pago a este empregado não pode ser incluído no cálculo do FAP. Se algo desse tipo acontecer, o FAP calculado estará inflado e prejudicando a empresa, podendo ela contestar e pedir para que o seu FAP seja corrigido. Outro erro que pode ocorrer é considerar no cálculo do FAP os acidentes ocorridos no trajeto de casa para a empresa e vice-versa porque este tipo de acidente não pode ser incluído no cálculo do FAP.

Como todos os tributos, pagamentos realizados com base em FAP erroneamente calculados podem ter os últimos 5 anos restituídos, desde que seja comprovado o erro.

Outra estratégia na presente ideia é a empresa realizar um planeamento e implementar ações de controle e prevenção de riscos para que se reduza ao máximo a ocorrência de acidentes e doenças decorrentes do trabalho. Esse é um investimento que vai trazer resultados em reduzir o FAP, e, como sabemos, irá reduzir a alíquota final do GIL-RAT a pagar.

Ideia 13. Terceirizar serviços com empresas optantes pelo Simples Nacional por não pagarem contribuições sobre a folha de pagamento

Aplicável a todas empresas do lucro real, presumido ou arbitrado que possuam empregados.

Esta é uma ideia óbvia que passa despercebida por muitas empresas.

É notória a pesada carga tributária no Brasil sobre a folha de pagamento. Uma empresa que não seja optante pelo Simples Nacional paga os seguintes percentuais sobre a folha de pagamento:

1) 20% de contribuição previdenciária patronal.
2) Entre 0,5% e 6% de SAT e FAT, a depender do grau de risco da empresa.
3) Entre 2,5% e 7,7% de contribuições a terceiros (salário-educação, SENAI, SESI, SENAC, SESC, SEBRAE, etc), a depender da atividade da empresa.

A soma dessas contribuições pode variar entre 23% e 33,70% do valor da folha de pagamento. A boa notícia é que a maioria das empresas optantes do Simples Nacional paga uma alíquota muito menor dessas contribuições.

Temos um problema: nem todas empresas podem optar pelo Simples Nacional e talvez este seja o seu caso. Mas, a sua empresa pode perfeitamente terceirizar serviços, inclusive da atividade fim, contratando empresas que são optantes pelo Simples Nacional, pagando a eles um percentual sobre o valor da mão de obra terceirizada. Por exemplo, se uma empresa pagar uma alíquota total de 28% sobre a folha de pagamento e negociar com a empresa terceirizada um percentual de remuneração de 18% para seus serviços, haveria um ganho de 10% sobre a parte da folha de pagamento terceirizada. Uma empresa que possa terceirizar R$ 50.000,00 mensais economizaria, nesse exemplo, R$ 66.666,67 por ano, considerando a contribuição sobre 13º salário e 1/3 de férias.

Esta ideia não gera ganho tributário ao terceirizar os serviços de vigilância, limpeza, conservação, construção, engenharia e advocatícios, pois estes serviços não têm o benefício de menor tributação das contribuições listadas acima.

Contudo, para todas as demais funções, como funções administrativas de informática, recepcionista, telefonista, porteiro, secretaria, etc., e até mesmo as atividades fins da empresa podem ser terceirizadas com empresas optantes pelo Simples Nacional e resultar em um ganho tributário com esta ideia.

Como sempre, deve haver também um benefício empresarial com a estratégia que não seja o ganho tributário. Não adianta terceirizar e prejudicar o funcionamento da empresa. Contudo, muitas empresas relatam que a terceirização por si só aumenta a eficiência da empresa, pois entrega a terceiros uma atividade secundária e a empresa contratante se concentra naquilo que realmente importa a ela, obtendo resultados favoráveis, independente do ganho tributário. A fim de avaliar o uso desta ideia, o empresário deve levar em consideração tanto o benefício nas operações da empresa quanto o ganho tributário obtido.

Ideia 14. Redução da conta de energia elétrica pela redução da alíquota de ICMS

Aplicável às empresas que pagam energia elétrica, independente da sua forma de tributação.

Esta ideia tem o efeito de reduzir a conta do **consumidor final** de energia elétrica, através da redução de altas alíquotas **inconstitucionais** de ICMS que são cobradas pelos Estados no consumo de energia elétrica.

Vamos entender do que se trata. A constituição determina que a alíquota de ICMS deve ser cobrada de acordo com a essencialidade do bem. Aqueles mais essenciais à vida do cidadão devem ter menores alíquotas de ICMS e aqueles supérfluos devem ter maiores alíquotas. É uma forma de justiça tributária para não onerar mais aquilo que é mais essencial às pessoas.

Valor Legislação

No caso concreto, os ministros julgam a validade de alíquotas diferenciadas de ICMS cobrado sobre o fornecimento de energia elétrica e serviços de telecomunicação em patamar superior ou semelhante às alíquotas de produtos supérfluos no Estado de Santa Catarina (RE 714.139). Na ação, a ███████████ questiona a cobrança de ICMS pelo Estado na alíquota de 25%, a mesma aplicada a cigarros e bebidas. A empresa pede que seja aplicada a alíquota de 17%, a mais utilizada para os produtos no Estado.

Agora pasmem: os Estados brasileiros têm cobrado alíquotas de ICMS em patamares equivalentes a produtos supérfluos, como bebidas alcoólicas, ultraleves, embarcações de esporte e recreio, esquis aquáticos e jet-esquis, joias, perfumes! Essas alíquotas majoradas chegam a 27% em alguns Estados, enquanto que a alíquota normal é de somente 17% ou 18%!

Conforme mostrado no trecho da reportagem acima, esse tema chegou ao STF para haver uma decisão final. Julgamentos anteriores do STF foram favoráveis ao consumidor contribuinte e existem diversas decisões também favoráveis ao consumidor em outras instâncias.

A ideia é fundamentada em buscar que a alíquota de ICMS seja igual aos dos produtos essências e não supérfluos, pois não há dúvida que a energia elétrica é um produto essencial na vida de qualquer pessoa. Atualmente, é impossível alguém viver sem energia elétrica e por isso a sua essencialidade.

O resultado deste tema pode chegar a uma redução de 10% na alíquota de ICMS, a depender do Estado, e consequentemente uma redução de 10% na conta de energia elétrica, além de poder ser restituído dessa diferença nos últimos 5 anos. É novamente uma decisão entre o investimento que será feito pelo empresário para iniciar esse processo e o benefício que ele poderá obter.

Ideia 15. Redução da conta de telefone pela redução da alíquota de ICMS

Aplicável às empresas que pagam serviços de telefonia, independente da sua forma de tributação.

Esta é uma ideia irmã da Ideia 13. acima, pois possui o mesmo fundamento de essencialidade dos serviços de telecomunicação que obrigaria os Estados a não tributarem com alíquotas elevadas como se fossem um produto supérfluo. Em alguns Estados, a alíquota de ICMS sobre telecomunicações chega a 40%!

Esta ideia sobre a conta de telefone poderia ter sido colocada em conjunto com a ideia anterior sobre a energia

Tema

745 - Alcance do art. 155, § 2º, III, da Constituição federal, que prevê a aplicação do princípio da seletividade ao Imposto sobre Circulação de Mercadorias e Serviços – ICMS.

Há Repercussão?
Sim

Relator: MIN. MARCO AURÉLIO

Leading Case: RE 714139

Ver descrição [+]

Recurso extraordinário em que se discute, à luz dos arts. 150, II, e 155, § 2º, III, da Constituição federal, a constitucionalidade do art. 19, I, a, da Lei 10.297/1996 do Estado de Santa Catarina, que estabeleceu alíquota diferenciada de 25% para o Imposto sobre Circulação de Mercadorias e Serviços – ICMS incidente sobre o fornecimento de energia elétrica e os serviços de telecomunicação, ao passo que para as "operações em geral" é aplicada a alíquota de 17%. [-]

elétrica, pois elas têm o mesmo fundamento e serão julgadas juntas no STF, conforme pode ser visto na descrição do tema destacado acima. Mas, coloquei em ideias separadas para destacar, ser mais didático e porque pode acontecer que a decisão da essencialidade da energia elétrica não ser da mesma forma aplicada aos serviços de telecomunicação.

Cabe ao empresário e gestor avaliar qual é o custo que ele tem com telefone para medir o benefício que teria se ingressar nessa ideia e tiver sucesso. Lembrando que é possível também requerer a restituição dos valores de ICMS indevidamente pagos nos últimos 5 anos.

Ideia 16. Redução da conta de energia elétrica pela exclusão do ICMS sobre tarifas de transmissão e distribuição

Aplicável às empresas que pagam energia elétrica, independente da sua forma de tributação.

Se você observar a conta de energia elétrica, vai ver que o valor da conta é dividido em vários itens. Veja abaixo:

DESCRIÇÃO	QUANTIDADE	PREÇO	VALOR (R$)
Consumo Ativo(kWh)-TUSD	551,00	0,49636072	273,49
Consumo Ativo(kWh)-TE	551,00	0,32886070	181,20

Um dos itens é a TUSD, a chamada Tarifa de Utilização de Serviços de Distribuição. Ela é o custo para utilizar o cabeamento e os equipamentos que fazem com que a energia seja distribuída e chegue até os consumidores finais.

Outro item que existe em algumas contas de energia é a TUST, a chamada Tarifa de Utilização de Serviços de Transmissão. Ela é o custo para utilizar o cabeamento e os equipamentos que fazem com que a energia seja transmitida da hidroelétrica ou termoelétrica até a distribuidora de energia.

Ainda mais, bandeiras tarifárias amarelas e vermelhas são eventualmente cobradas na conta de energia. Essas tarifas dizem respeito a acréscimos na conta de energia elétrica para cobrir custos quando há condições desfavoráveis de geração de energia. Por exemplo, quando as hidroelétricas estão com reservatórios baixos de água.

Observe que as três tarifas acima não são o preço pelo consumo do produto (energia), mas o custo pela transmissão e distribuição da energia. O preço da energia é a chamada TE (Tarifa de Energia Consumida), sendo este o verdadeiro valor pago pelo consumo de energia elétrica.

A base de cálculo do ICMS é o preço da mercadoria. No caso da energia elétrica, o preço da mercadoria é o valor pago pelo seu consumo, ou seja, o valor correspondente à TE e não ao TUSD, TUST nem às bandeiras tarifárias.

Acontece que os Estados cobram o ICMS tanto sobre a TE quanto sobre a TUSD e a TUST, onerando ainda mais o valor final da conta de energia elétrica. A ideia aqui é retirar a cobrança de ICMS sobre a TUSD, a TUST e as bandeiras tarifárias, pois se configura uma cobrança inconstitucional. Excluindo essa cobrança, o consumidor de energia elétrica terá uma redução em sua conta.

Decisões judiciais podem fazer Estado perder R$ 2 bilhões ao ano com tarifas incluídas no ICMS

A maioria das decisões judiciais, inclusive do STJ, é favorável aos consumidores. Não é possível garantir o resultado final de um pedido judicial para excluir a cobrança de ICMS sobre a TUSD, a TUST e as bandeiras tarifárias, cabendo novamente ao empresário avaliar os benefícios que pode obter se decidir agir para conseguir essa redução na sua conta de energia elétrica.

Ideia 17. Redução da conta de energia elétrica pela exclusão do ICMS sobre a demanda contratada não consumida

Aplicável às empresas que pagam energia elétrica com contrato de demanda fixa, independente da sua forma de tributação.

Esta ideia somente se aplica às empresas que têm contrato de demanda fixa de energia elétrica, que são aqueles maiores consumidores em alta tensão. Para esse tipo de consumidor, há pelo menos dois itens que ele paga em sua conta: (i) o valor correspondente ao consumo efetivo de energia e (ii) o valor correspondente ao contrato realizado com a concessionária de energia elétrica para ela garantir a entrega de determinada quantidade de energia todos os meses, a chamada demanda contratada.

O ICMS é um imposto que tem por base de cálculo o valor da mercadoria vendida. Neste caso, a mercadoria vendida é a energia elétrica e o seu valor é o item (i) acima, ou seja, o valor relativo ao efetivo consumo. O valor que o consumidor paga pela demanda contratada é um valor separado para garantir a entrega da energia independente dele consumi-la ou não. Então, vez que não representa o valor do consumo, não deve incidir ICMS sobre a demanda contratada que não for consumida.

Por exemplo, se a empresa consumidora contratar 150 kW de demanda e, em determinado mês, só tiver utilizado 100 kW, o ICMS somente incidirá sobre o preço dos 100 kW consumidos, e não haverá ICMS sobre o preço dos 50 kW não utilizados, gerando uma considerável economia.

Esse tema já foi decidido favoravelmente ao consumidor tanto pelo STJ quanto pelo STF. Mas, existem Estados que ainda insistem em cobrar ICMS em todos os valores da conta de energia elétrica, inclusive sobre o valor da demanda contratada não consumida. Cabe ao empresário verificar se o seu Estado faz essa cobrança indevida para avaliar a possibilidade de recorrer ao judiciário e pedir a eliminação do ICMS sobre a demanda contratada não consumida, inclusive pedir a restituição dos valores pagos indevidamente nos últimos 5 anos.

Ideia 18. Redução da alíquota de ICMS sobre combustíveis

Aplicável aos postos de combustíveis e às empresas que consomem combustíveis.

Esta também é uma ideia irmã da Ideia 13. acima. Sugiro a você ler a Ideia 13. acima para entender o fundamento da essencialidade no ICMS que o obriga a ter alíquotas menores em produtos essenciais.

Apesar da essencialidade dos combustíveis, há estados que a alíquota de ICMS sobre combustíveis chega a absurdos 34%!

A redução da alíquota de ICMS da energia elétrica devido a sua essencialidade

seria um precedente para também reduzir a alíquota de ICMS sobre combustíveis porque, até mesmo por definição legal, combustíveis são também produtos essenciais. Sendo um produto essencial, a alíquota de ICMS não poderia estar no nível de produtos supérfluos não essenciais.

Esse é uma ideia que pode ser aplicada pelos empresários proprietários de postos de combustíveis, como também às empresas que consomem e compram combustíveis, cabendo a eles analisar os benefícios em ingressar com uma ação judicial para reclamar essas alíquotas elevadas e pedir para reduzir ao nível usual de alíquotas de ICMS, entre 17% e 18%, a depender do estado.

Ideia 19. Segmentar em mais de uma empresa por atividade desempenhada

Aplicável a todas empresas.

Existem empresas que desempenham várias atividades complexas e um tanto independentes que parecem empresas dentro da própria empresa. Se este for seu caso, segmentar cada atividade desempenhada em empresas independentes em um grupo econômico poderá resultar em economia tributária. Essa é uma ideia que leva o empresário a repensar sobre o seu negócio e ele acaba percebendo que sua empresa ganhou corpo e que, mesmo que não houvesse um ganho tributário, o funcionamento desta se torna mais eficiente se ele segmentasse cada atividade de seu negócio em empresas diferentes.

Há no Brasil vários grupos econômicos e não é algo que somente as grandes empresas podem criar. Eles existem para aumentar a eficiência dos negócios e podem ser implementados por empresas menores para aumentar sua eficiência operacional e solucionar outras questões.

Contudo, atenção: observe que a economia tributária deve ser o resultado dessa segmentação, ou seja, uma consequência da segmentação e não ser o único objetivo. Deve haver vantagens não tributárias para as operações do seu negócio que justifiquem segmentar as atividades em empresas diferentes. Você tem que ter em mente que a segmentação melhorou a eficiência e a forma de desempenhar seu negócio, havendo ganhos empresarias não tributários ao criar um grupo econômico. Se o único ganho e objetivo ao segmentar e criar um grupo econômico for economizar tributos, esta ideia não servirá para você e não a utilize, pois poderá ser caracterizado pelo fisco como um abuso ou uma simulação. O objetivo aqui é apresentar ideias e estratégias tributárias, mas que sejam implantadas de forma legal.

Esta ideia pode ser aplicada em várias situações. **Na primeira situação**, vou utilizar como exemplo uma distribuidora de produtos farmacêuticos que revende medicamentos para farmácias. O transporte para as farmácias clientes é uma atividade tão intensa que, se a distribuidora repensar o seu negócio, ela verá que na realidade ela tem 2 negócios: um de comércio atacadista e outro de transporte.

A distribuidora poderia obter ganhos estratégicos e operacionais se segmentasse em duas empresas, uma permanecendo a própria distribuidora e outra a nova empresa de transporte. Os ganhos seriam diversos: (i) se concentrar em sua atividade principal de atacado e deixar o transporte para uma empresa específica desempenhar, não atrapalhando os esforços da atividade principal, (ii) em empresas diferentes, separar os empregados que se dedicam ao atacado daqueles que se dedicam ao transporte, tendo um comando independente que seja especializado em cada atividade e possam obter mais eficiência no desempenho das atividades pelos empregados, (iii) otimizar os controles internos e gerenciais, (iv) atendimento a normas tributárias, regulatórias, sindicais, etc. próprias ao objeto social de cada empresa, além de outros ganhos, não sendo o objetivo deste livro esgotar todos eles.

Após criada a empresa de transporte, a empresa distribuidora iria contratar a empresa de transporte para fazer a entrega dos pedidos aos seus clientes, pagando valores dentro do praticado no mercado. Não pode haver valores e operações artificiais, têm que ser verdadeiras. As duas empresas têm que funcionar de forma independente, uma prestando serviço para outra.

Após haver um real propósito negocial para a segmentação, vamos ver o efeito da economia tributária. O primeiro ponto é que geralmente a atividade de transporte tem uma margem de lucro muito maior que a atividade de atacado, e torna-se muito vantajoso a transportadora aderir ao lucro presumido, algo que provavelmente não seria possível e vantajoso se somente existisse a empresa atacadista. Deve-se comparar o valor total dos tributos que seriam pagos pelo lucro presumido e o valor total dos tributos pelo lucro real para confirmar a opção mais vantajosa do lucro presumido.

A distribuidora continuaria no lucro real, tendo a vantagem de deduzir como despesa o pagamento do frete à empresa transportadora. No lucro real, quanto mais despesas a empresa tiver, menor o lucro tributário e menor o imposto a pagar. Os tributos a serem pagos pelo lucro presumido na empresa de transporte serão inferiores aos tributos economizados pela empresa atacadista, e aí está o primeiro efeito tributário positivo para o grupo econômico.

O segundo ponto é que haveria um ganho em relação ao PIS e COFINS. Uma empresa no lucro presumido paga uma alíquota total de 3,65% relativo a esses dois tributos. Mas, a empresa distribuidora no lucro real tem direito a se creditar desses tributos com alíquota de 9,25%. Resultado: uma economia e ganho da diferença de 5,60% sobre o valor da operação.

A forma mais econômica a se pensar para criar a empresa de transporte é através de uma cisão da empresa distribuidora, extraindo desta toda a sua frota e todo o seu patrimônio que guarde relação com a atividade de transporte para uma nova empresa de transporte, sem a necessidade de realizar a venda do patrimônio de uma empresa para a outra. A cisão é uma possibilidade adequada para essa situação a ser avaliada pelo empresário.

Outra possibilidade para essa distribuidora do nosso exemplo é que ela utiliza muita tecnologia, estando dentro dela uma verdadeira empresa de informática. Então, poderia também segregar a atividade de informática em uma nova empresa, desde que atenda a premissa que haja um propósito empresarial para essa segregação, independente da economia de tributos.

Tendo a empresa de informática alta margem de lucro, seria mais vantajoso que ela fosse tributada pelo lucro presumido. A partir daí, os dois pontos vantajosos apontados acima para a empresa de transporte também são aplicados à empresa de informática, tanto no que se refere a mais despesa gerada para a empresa distribuidora com a consequente redução do lucro real e de sua tributação, quanto em relação ao ganho líquido de 5,60% com o crédito de PIS e Cofins que a empresa distribuidora obterá.

Uma segunda situação que pode acontecer em uma empresa é ela desempenhar uma atividade com pequena margem de lucro e outra atividade com alta margem de lucro. Quando a margem de lucro é pequena, geralmente é mais vantajoso estar no lucro real, porque o lucro real é calculado sobre o lucro efetivamente obtido pela empresa. Se o lucro efetivo calculado for pequeno, os tributos sobre ele também serão pequenos. De modo inverso, quando a empresa tem uma alta margem de lucro, geralmente é mais vantajoso optar pelo lucro presumido porque mesmo que a empresa obtenha um lucro astronômico, ela pagará os tributos sobre o lucro tendo como base um percentual presumido fixo sobre a receita. Se o lucro efetivo calculado for grande, os tributos sobre o lucro não sofrerão influência desse maior resultado.

Uma vez que uma mesma empresa não pode optar pelo lucro real e pelo lucro presumido simultaneamente, o que ela pode fazer?

Ela pode segmentar suas atividades em mais de uma empresa, uma optando pelo lucro presumido (a que tiver a maior margem de lucro) e outra optar pelo lucro real (a que tiver menor margem de lucro). Repito que deve haver um propósito empresarial para realizar essa segmentação em empresas e que elas devem funcionar de forma independente e sem artifícios. No final das contas, a ideia é que as duas empresas juntas pagarão um total menor de tributos em relação ao que é pago por uma única empresa. Por exemplo, esta ideia poderia se aplicar a uma empresa que vende computadores e dá cursos de informática. São dois negócios distintos. É possível segmentar em uma empresa de vendas que opte pelo lucro real e em uma empresa de cursos que opte pelo lucro presumido, e, no final, a soma dos tributos das duas empresas se torne menor do que está sendo pago por uma única empresa que vende e dá cursos.

A terceira situação para a segregação de atividades em empresas diferentes é que pode acontecer de uma empresa não se enquadrar no limite do lucro presumido porque ela ultrapassa o limite de receita para ingressar no lucro presumido. Havendo realmente um propósito empresarial para segmentar em mais de uma empresa, ao realizar a segmentação cada empresa teria uma receita menor e inferior ao limite máximo para permanecer no lucro presumido, beneficiando-se cada uma da menor carga tributária do lucro presumido. Claro que deve haver uma avaliação se na empresa analisada o lucro presumido é realmente mais vantajoso que o lucro real.

Na avaliação desta ideia, o empresário deve sempre levar em consideração o conjunto de tributos economizados pelo grupo econômico, como também possíveis custos adicionais que poderá obter em suas operações. Criar uma nova empresa geralmente acarreta o surgimento de novos custos que não existiam e até mesmo ter que pagar algum tributo que não era obrigado a pagar anteriormente. Tudo isso deve ser levado em consideração.

O ideal é que o empresário pense sobre as atividades de sua empresa logo no início de sua fundação, a fim de que não precise realizar posteriormente modificações para segmentar a empresa com o intuito de obter os benefícios elencados anteriormente acima. Claro que nem sempre é possível porque depois do início é que novas oportunidades vão surgindo e diversificando. Mas, quanto mais cedo planejar, melhor.

Ideia 20. Realizar uma cisão do imóvel da empresa para separar a atividade imobiliária da atividade principal

Aplicável às empresas optantes pelo lucro real.

Você já assistiu ao filme "Fome de Poder" sobre a história do McDonald´s? Se não viu ainda, assista porque é um ótimo filme do começo ao fim e você poderá ver acontecendo na prática o básico desta ideia aqui.

Sem querer adiantar a história e dar um *spoiler*, o filme mostra que, desde o início da expansão do McDonald´s através de franquias, havia uma separação clara entre a atividade imobiliária e a atividade principal de vender comida. O imóvel era separado do negócio principal e o franqueado não precisava realizar um alto investimento para comprar o imóvel onde iria funcionar o seu restaurante. O franqueado pagava um aluguel pelo imóvel e somente precisava investir na instalação da franquia em si, sendo mais fácil para ele fazer um investimento menor para iniciar o seu negócio e o resultado é o que conhecemos: uma expansão expressiva do número de restaurantes McDonald´s que vemos até hoje.

Esta estratégia pode ser também aplicada por nós e ainda haver um ganho tributário. Lembre-se que deve haver um propósito empresarial antes de obter o ganho tributário. No caso do McDonald´s há um claro propósito empresarial em sua estratégia. Diversas outras situações em seu negócio que demonstrem propósito empresarial podem também possibilitar a segregação da atividade imobiliária e obter por consequência um ganho tributário.

Vou primeiro apresentar um propósito empresarial como exemplo para entender esta ideia, a fim de posteriormente explicar o seu ganho tributário. Um colégio é uma atividade que necessita obrigatoriamente de um imóvel para funcionar. Muitas vezes o imóvel do colégio é tão ou mais valioso do que o próprio negócio de ensino. Olhando com atenção, vemos que são dois negócios: um negócio imobiliário e outro negócio de ensino. Então, o empresário pode aprimorar suas operações, dividindo estrategicamente as duas atividades em duas empresas, uma para cuidar e se dedicar somente a um ensino de excelência e outra para ser a nova proprietária do imóvel, cuidando e se dedicando a ele, incluindo sua manutenção periódica, realização de obras, reformas e ampliações, etc.

Agora vem o ganho tributário. Como a empresa de ensino não será mais a proprietária do imóvel, ela terá que aluga-lo à nova empresa imobiliária que se tornou a proprietária, ou seja, a empresa imobiliária será locadora e a empresa de ensino será a locatária do imóvel. Aí vem o mesmo benefício tributário que foi abordado na Ideia 19. acima. A atividade imobiliária de locação é uma atividade muito lucrativa que pode ser beneficiada ao optar pelo lucro presumido. Enquanto que a atividade de ensino permanecerá no lucro real, contabilizando como despesa o aluguel pago pelo imóvel, pois já sabemos que, no lucro real, quanto mais despesas menor é o lucro tributável. Neste desenho, a empresa imobiliária pagará uma tributação de 10,88% a 14,53% no lucro presumido, a depender do valor do aluguel, enquanto que a empresa de ensino se beneficiará de um crédito de 24% a 34% no lucro real, a depender do lucro apurado.

O resultado final é a possibilidade de uma economia tributária que pode chegar a 23,12% do valor da operação. Se o valor do aluguel for R$ 50.000,00, haveria uma economia anual de R$ 138.720,00. É claro que o empresário deve levar em consideração outros custos que possam ocorrer na criação da empresa imobiliária para usar na decisão sobre a implantação desta ideia.

Além do benefício tributário mostrado acima, o grupo econômico criado (empresa principal e empresa imobiliária) poderá ver o seu valor de mercado incrementado naturalmente, como também obter maior visibilidade e interesse do mercado de fusões e aquisições. Muitos negócios de fusões e aquisições somente têm interesse em adquirir ou se tornar sócio da atividade principal da empresa, e preferem fortemente não contemplar a compra do imóvel na transação. Se o grupo econômico está desenhado com a separação entre atividade operacional e atividade imobiliária, os sócios poderão, por exemplo, vender sua empresa principal e continuar proprietário da empresa imobiliária, continuando a receber o aluguel relativo ao imóvel. Se o grupo econômico não está desenhado dessa forma, ou seja, as atividades principais e imobiliárias desempenhadas por uma única empresa, o empresário não poderia vender sua atividade principal sem ter que vendê-la juntamente com o imóvel, criando uma dificuldade para encontrar possíveis compradores. Essa é uma prática comum no mundo empresarial.

Um problema que pode surgir na implantação desta ideia são os custos para transferir a propriedade do imóvel para a empresa imobiliária, principalmente em relação ao imposto de transmissão, cuja alíquota é em torno de 3% em muitas cidades. Uma solução é a realização de uma cisão da empresa de ensino, em que parcela da empresa contendo o imóvel é transferida para a nova empresa imobiliária. A vantagem que poderia ser obtida é não haver pagamento do imposto de transmissão, uma imunidade tributária prevista na constituição do Brasil em caso de cisão com imóveis. Para tanto, é necessário que a nova empresa que receba o imóvel obtenha, nos três primeiros anos, receita predominantemente não imobiliária. Para uma empresa que já nasce sendo imobiliária, é difícil que a maioria de sua receita não seja imobiliária e possa atender esse requisito. Contudo, existem situações em que a empresa que recebe o imóvel obtenha receitas com outras atividades não imobiliárias e seja possível se beneficiar dessa imunidade tributária. Por exemplo, a nova empresa proprietária do imóvel pode ser também uma investidora no mercado financeiro, no mercado de capitais, etc., se assim desejarem os seus sócios e contenha adicionalmente essas outras atividades no objeto social da empresa. Se as receitas financeiras obtidas com essas outras atividades forem superiores à receita imobiliária nos três primeiros anos, a empresa estaria apta a se beneficiar da imunidade tributária sobre o imposto de transmissão. É algo para ser estudado e avaliado em cada situação e cada caso.

Outra vantagem da realização de uma cisão em relação a uma transferência tradicional de propriedade (compra e venda) é que poderá ser realizada a cisão pelo valor contábil, inexistindo imposto de renda e CSLL na operação. Fazendo a transferência de uma empresa para outra na forma tradicional de uma compra e venda, a operação deverá ser feita com valores de mercado do imóvel, podendo aí sim haver tributação se o valor de mercado for superior ao valor contábil do imóvel. Além do mais, na compra e venda tradicional ocorre uma movimentação de valores com o pagamento do imóvel pela empresa compradora à vendedora, enquanto que na cisão não há pagamento a ser realizado, somente transações documentais de transferência de propriedade.

Se possível, o ideal é que o empresário pense sobre esta ideia no momento da fundação de sua empresa ou no momento da compra dos imóveis da sua empresa. Sabendo que há um ganho empresarial e tributário em ter o imóvel em uma empresa distinta, o melhor é já aplicar essa ideia adquirindo o imóvel pela empresa imobiliária, para não precisar, posteriormente, transferir o imóvel para a empresa imobiliária.

Então, grave a regra geral: colocar imóveis dentro de empresas imobiliárias que tenham a finalidade de alugar, comprar e vender imóveis.

Esta ideia é "irmã" da Ideia 19. acima. Ela foi apresentada de forma separada para dar destaque às suas peculiaridades que merecem uma atenção especial. Sempre faça uma avaliação específica e aprofundada, avaliando riscos e benefícios, ao aplicar cada ideia deste livro a sua situação específica e particular.

Ideia 21. Alugar e vender imóveis pelo lucro presumido

Aplicável a todas empresas e pessoas, inclusive pessoas físicas.

Se você tem imóvel como pessoa física e obtém renda com o aluguel de seu imóvel, você poderá chegar a pagar a alíquota máxima de 27,5% de imposto de renda de pessoa física sobre o valor da locação. Mas, você pode pagar bem menos, se você empresariar seu imóvel, criando uma empresa de aluguel de imóveis que passará a ser a proprietária do imóvel, podendo reduzir sua carga tributária para somente 11,33%, uma diferença de alíquota de 16,17%. Para uma locação mensal no valor de R$ 20.000,00, haveria uma economia anual de R$ 38.808,00.

Além do benefício mostrado, ainda existe outro. Quando houver a necessidade de vender o imóvel, poderá, em determinadas situações, haver um benefício de uma tributação menor se a venda ocorrer pela opção ao lucro presumido. Quando se vende um imóvel que está em nome de pessoa física, há uma tributação de imposto de renda que inicia em 15% e pode chegar a uma alíquota de 22,5%, sobre o valor do ganho financeiro (ganho de capital) obtido na transação de venda. Por exemplo, se um imóvel for vendido por R$ 1.000.000,00 e ele foi comprado anteriormente por R$ 400.000,00, houve um ganho de capital de R$ 600.000,00 para quem está vendendo o imóvel. Sobre esse ganho financeiro, há uma tributação de 15%, o que resulta em um imposto de renda de R$ 90.000,00. Poderia haver uma redução nesse imposto a depender de quando o imóvel vendido foi comprado, mas é desnecessário entrar nesse detalhe para entender o raciocínio desta ideia.

Por outro lado, se este imóvel for vendido por uma empresa optante pelo lucro presumido e que tenha a finalidade de comprar e vender imóveis, a tributação pode chegar a somente 5,93% sobre o valor da venda. No exemplo acima, a tributação pelo lucro presumido seria R$ 59.300,00, havendo uma economia tributária de R$ 30.700,00. Observe que nesta forma de tributação, o tributo é calculado sobre o valor da venda e não sobre o valor do ganho de capital, como acontece na venda por pessoa física, portanto deve ser analisado em cada caso se é vantagem a tributação de venda de imóveis pelo lucro presumido. Nos valores apresentados nesse exemplo, mostrou-se mais vantajosa a tributação pelo lucro presumido, mas deve sempre ser analisado o seu caso concreto e levar em consideração todos os fatores.

Esta ideia também pode ser aproveitada por empresas tributadas pelo lucro real. Enquanto que para as pessoas físicas a tributação sobre o ganho financeiro na venda de imóveis varia entre 15% e 22,5%, para empresas do lucro real essa tributação pode chegar a 34% sobre o ganho, tributação ainda mais pesada que para as pessoas físicas. Então, é importante pensar na viabilidade do imóvel da empresa estar posicionado em uma empresa distinta optante pelo lucro presumido, tributada em 5,93% sobre o valor da venda, antevendo uma possível venda desse imóvel no futuro. Planejar com antecedência é sempre mais vantajoso em matéria de economia tributária.

Ideia 22. Profissionais atuarem através de empresa pessoa jurídica

Aplicável aos profissionais autônomos em geral.

Existem profissionais, como médicos, engenheiros, dentistas, veterinários, professores, economistas, jornalistas e outros, que pagam mais tributos do que poderiam porque não se atentaram a esta ideia acessível para qualquer um aproveitar.

A carga tributária de empresas pessoas jurídicas, optantes pelo Simples Nacional ou pelo lucro presumido, é, no geral, inferior à carga tributária das pessoas físicas, pois a alíquota de imposto de renda da pessoa física pode chegar ao elevado nível de 27,5%.

Para a prestação de serviços profissionais, a carga tributária no lucro presumido possui uma alíquota total de 16,33% sobre a receita, podendo ser menor a depender da alíquota de ISS da cidade. Já no Simples Nacional, as alíquotas efetivas começam em 15,50% e podem chegar a 19,25% sobre a receita, esta última para uma receita anual entre R$ 3.600.000,01 e R$ 4.800.000,00. Então, temos alíquotas diferentes para cada forma de tributação.

Para entender melhor, vamos usar como exemplo um profissional que tenha uma renda anual de R$ 200.000,00 e despesas dedutíveis no valor de R$ 10.000,00. Atuando como pessoa física, ele pagaria R$ 41.817,68 em um ano relativo ao imposto de renda pessoa física. Constituindo uma empresa e optando pelo Simples Nacional, ele pagaria tributos no valor total de R$ 31.500,00, e optando pelo lucro presumido, ele pagaria R$ 32.660,00.

Há nesse exemplo uma vantagem clara para o Simples Nacional em relação à pessoa física, com uma economia de R$ 10.317,68 por ano. No Simples Nacional ainda teria a vantagem de não incidir tributos sobre a folha de pagamento. A depender da situação e dos valores, o benefício pode ser ainda maior e pode acontecer do lucro presumido ser mais vantajoso que o Simples Nacional e a pessoa física. Cabe sempre realizar uma simulação e uma análise para decidir sobre a sua situação.

Como o objetivo deste livro não é torná-lo um especialista em cálculo de tributos e sim apresentar a ideia que pode lhe fazer pagar legalmente menos tributos, procure um profissional da área para fazer essas simulações e confirmar ou não se esta ideia lhe beneficia.

Ideia 23. Aproveitar o benefício de menor tributação de serviços médicos pelo lucro presumido

Aplicável a empresas e profissionais da área médica.

Na sistemática de tributação pelo lucro presumido, a regra geral é que a prestação de serviços tenha como base de cálculo o percentual de 32% sobre a receita. Por exemplo, se você prestar um serviço mensal de R$ 100.000,00, a base de cálculo do lucro presumido será R$ 32.000,00. Sobre este valor de R$ 32.000,00 serão calculados o imposto de renda e a CSLL, que, pela alíquota conjunta máxima de 34%, resultaria em R$ 8.880,00[1] relativo a esses dois tributos.

Porém, existe uma exceção benéfica para a prestação de serviços **médicos** que tenham a característica de poderem ser oferecidos em ambiente hospitalar, mesmo que oferecidos por clínicas médicas, de exames laboratoriais, de diagnóstico por imagem, de cirurgia plástica, de vacinação, de anestesia, etc. A característica do serviço médico ser hospitalar não implica na obrigatoriedade de estar sendo desenvolvido dentro de hospitais. Por isso, podem ser oferecidos por clínicas fora de hospitais para ter o benefício da tributação reduzida, bastando que haja a possibilidade do serviço ser também promovido por hospitais.

---

[1] Considerando que o adicional de imposto de renda de 10% somente incide sobre o que ultrapassar R$ 20.000,00 mensais de lucro.

A ideia aqui é os prestadores de serviços médicos, que se enquadrem nas características acima, possam escolher a sistemática de tributação pelo lucro presumido e terem a base de cálculo do imposto de renda reduzida de 32% para 8% e a base de cálculo da CSLL reduzida de 32% para 12%.

Colocando isso em números, no exemplo desenvolvido acima no início desta ideia, em que você preste serviços médicos com características hospitalares no valor de R$ 100.000,00, a base de cálculo presumida para o imposto de renda seria somente R$ 8.000,00 (8%) e para a CSLL seria somente R$ 12.000,00 (12%), resultando em um tributo de R$ 1.200,00 (15% de R$ 8.000,00) para o imposto de renda e R$ 1.080,00 (9% de R$ 12.000,00) para a CSLL, totalizando R$ 2.280,00 para os dois tributos, uma economia de R$ 6.600,00 por mês e R$ 79.200,00 por ano neste exemplo.

Como consultas médicas é um serviço típico de consultórios médicos e não de hospitais, elas não podem ter o benefício da tributação reduzida quando prestados dentro de consultórios médicos. Se dentro da clínica o paciente realizar uma consulta médica e realizar exames complementares, o valor da consulta será tributado pela regra geral no lucro presumido (32% de base de cálculo) e os exames complementares pela regra mais benéfica para serviços hospitalares (8% e 12% de base de cálculo).

É obrigatório que a sociedade médica que ofereça os serviços com características hospitalares seja constituída na forma de sociedade empresária, como, por exemplo, uma sociedade limitada, aquela em que seu nome termina com a expressão "Ltda". É obrigatório também que a clínica médica cumpra as normas da ANVISA.

Esta opção mais benéfica pelo lucro presumido por parte de serviços médicos hospitalares deve ser confrontada com a opção de tributação do Simples Nacional, caso esta opção esteja disponível para você. É importante que os cálculos sejam feitos por profissionais capacitados, para encontrar a melhor opção de tributação (lucro presumido, real, arbitrado ou Simples Nacional) para a sua situação específica, levando em consideração os benefícios proporcionados na presente estratégia.

Ideia 24. Profissionais aproveitarem o benefício de pagar ISS por valor fixo mesmo estando organizados na forma de sociedades empresárias

Aplicável aos profissionais autônomos em geral.

Profissionais como médicos, engenheiros, dentistas, veterinários, professores, economistas, jornalistas e outros, podem pagar o Imposto Sobre Serviços de Qualquer Natureza (ISS) por valor fixo anual, ou seja, independente da receita que estes profissionais obtenham, eles pagam um valor fixo para quitar o seu ISS. A prefeitura de cada cidade é quem determina o valor fixo mensal a ser pago por cada profissional relativo a seu ISS. É mais vantajoso porque este valor fixo é geralmente muito menor do que o profissional pagaria se fosse aplicado um percentual de alíquota sobre a receita obtida na prestação de seus serviços.

Porém, havia um problema. Antigamente, quando os profissionais se reuniam para atuarem em conjunto para prestarem serviços na forma de uma sociedade de profissionais, eles tinham que se organizarem como uma sociedade simples, sendo proibido se organizarem como uma sociedade empresária. A sociedade simples possui desvantagens e o preferível é que uma sociedade seja constituída na forma de uma sociedade empresária do tipo limitada, aquela em que o seu nome termina com a expressão "Ltda". A sociedade empresária tem a vantagem dos seus profissionais sócios não se responsabilizarem por dívidas da empresa, sendo a sua responsabilidade limitada ao capital social da empresa. No caso de uma sociedade médica, o tipo sociedade empresária ainda permite que esta sociedade possa usufruir do benefício da menor tributação no lucro presumido, conforme vimos na Ideia 23. acima. Portanto, o sonho em geral é que a sociedade seja empresária limitada, mas para as sociedades de profissionais aproveitarem o benefício de pagamento de ISS por valor fixo anual, eles não poderiam, antigamente, ser organizados na forma de uma sociedade empresária.

Felizmente, a proibição para as sociedades empresárias aproveitarem esta ideia do ISS por valor fixo anual ficou para trás. Em recente decisão final do STJ, as sociedades empresárias, incluindo aquelas do tipo "Ltda", podem pagar o ISS por valor fixo anual. Cada profissional sócio da empresa irá pagar o ISS por valor fixo anual, independente da receita que a empresa obtiver, podendo representar uma redução substancial no montante de ISS a pagar.

Se sua sociedade desenvolve atividades profissionais e está constituída na forma empresária, aproveite esta ideia e passe a pagar um valor fixo anual referente ao seu ISS. Talvez a prefeitura da sua cidade ainda não aceite esta possibilidade, o que pode levar você a requerer judicialmente que a prefeitura obedeça à jurisprudência recente do STJ.

Outra oportunidade também é se sua sociedade desenvolver atividades profissionais e não estiver constituída na forma empresária, avalie transformar sua sociedade em empresária para poder aproveitar esta ideia e poder passar a pagar um valor fixo anual referente ao seu ISS.

Outra conclusão é que, se você for um profissional que atua individualmente como pessoa física, você pode continuar a pagar o ISS por valor fixo anual mesmo que passe a atuar em conjunto com outros profissionais, ainda que seja na forma de uma sociedade empresária.

Em suma, a recente decisão do STJ abriu as portas para as sociedades de profissionais pagarem o ISS por valor fixo anual, ainda que seja na forma de uma sociedade empresária.

Ideia 25. Fazer a contabilidade completa para haver isenção total na distribuição de lucros

Aplicável às empresas optantes pelo lucro presumido, arbitrado e Simples Nacional.

Muitos profissionais e empresários criam corretamente uma empresa para pagarem menos tributos do que pagariam se continuassem a atuar como pessoas físicas, mas esquecem desse detalhe importante que vou explicar a seguir.

O regime do lucro presumido e o Simples Nacional geralmente (nem sempre) têm a vantagem de proporcionar uma menor carga tributária para as empresas. Os tributos são pagos aplicando-se uma alíquota sobre a receita da empresa. Por mais que a empresa tenha lucro ou prejuízo, o total de tributos será o mesmo, caso a receita não varie. Por exemplo, uma empresa que tenha uma margem de lucro de 60%, mantendo-se a mesma receita, ela irá pagar o mesmo tributo se alcançar uma margem de lucro de somente 10%. Portanto, quanto maior a margem de lucro da empresa, mais vantajoso será a opção pelo lucro presumido ou pelo Simples Nacional.

Agora vem a ideia. Optando pelo lucro presumido ou pelo Simples Nacional, a empresa pode simplificar a sua contabilidade, fazendo registro somente de sua movimentação financeira em livro caixa e sendo dispensada de realizar a contabilidade completa (livros contábeis, balanço patrimonial, etc.).

Optando por somente registrar o livro caixa, acontece um problema: caso ultrapasse o limite do lucro presumido, a distribuição dos lucros da empresa para os sócios será tributada com imposto de renda de pessoa física sobre o valor que ultrapassar este limite. Enquanto que, se houver contabilidade completa, todo o lucro obtido pela empresa apurado pela contabilidade poderá ser distribuído aos sócios sem pagar qualquer imposto de renda de pessoa física.

Vamos entender melhor com um exemplo: uma empresa prestadora de serviços, optante pelo Simples Nacional ou lucro presumido, tem uma receita de R$ 1.000.000,00 em um ano e lucro apurado de R$ 600.000,00 neste ano. Se a empresa realizar a contabilidade completa, ela poderá distribuir todo esse lucro de R$ 600.000,00 para os sócios sem pagar qualquer imposto de renda de pessoa física. Ela somente pagará os tributos devidos pela própria empresa.

Por outro lado, se a empresa não realizar a contabilidade completa, ela terá um limite de distribuição de lucros em que não incidirá imposto de renda de pessoa física. No caso de uma prestadora de serviços, esse limite é de 32% sobre a receita, ou seja, R$ 320.000,00 no nosso exemplo. Portanto, ela distribuirá R$ 320.000,00 para os sócios sem pagar imposto de renda de pessoa física, e, ao distribuir os R$ 280.000,00 restantes, imposto de renda de pessoa física irá incidir sobre esta quantia.

Então, não basta somente passar a ser pessoa jurídica para pagar menos tributos. É importante também realizar a contabilidade completa com os livros contábeis, balanço, etc.

Ideia 26. Escrituração de despesas em livro caixa para os profissionais autônomos deduzirem no imposto de renda

Aplicável aos profissionais autônomos em geral.

Esta não se trata de uma ideia aplicável a uma empresa, mas, como se trata da tributação de uma atividade profissional, é pertinente apresentá-la, pois ela pode servir de subsídio para o profissional decidir entre os benefícios tributários de constituir uma empresa ou continuar atuando como pessoa física.

Pessoas físicas que exercem trabalho não assalariado, ou seja, autônomos como médicos, engenheiros, dentistas, veterinários, professores, economistas, jornalistas e outros, precisam realizar diversas despesas para exercerem a sua profissão e o seu trabalho. Por exemplo, o pagamento do aluguel da sala do seu consultório ou escritório, o salário de seus colaboradores, os materiais usados no seu trabalho, a internet para seu trabalho, em suma, tudo aquilo que o profissional autônomo tem que pagar para que seu trabalho aconteça e seja prestado.

Muitos profissionais autônomos desconhecem que todas essas despesas podem ser deduzidas integralmente da base de cálculo de seu imposto de renda pessoa física e, o melhor, sem limites. Porém, para isso, é necessário que o profissional autônomo registre diariamente em um livro caixa todas suas movimentações financeiras, tanto os recebimentos de clientes quanto os pagamentos de despesas necessárias ao desenvolvimento de sua atividade. Se algum dia o fisco solicitar, deverá ser apresentado esse livro caixa e os comprovantes das despesas realizadas. Portanto, deve mantê-los guardados.

Caso você seja um profissional autônomo, considere esta vantagem da dedução de despesas do livro caixa em relação à Ideia 22. acima de atuar como empresário no Simples Nacional ou no lucro presumido. A presente ideia e a Ideia 22. acima devem ser analisadas e calculadas em conjunto.

Ideia 27. O lucro presumido pode ser melhor que o Simples Nacional e o lucro real pode ser melhor que ambos

Aplicável a todas empresas.

A princípio, o sonho de todos os empresários é poder pagar seus tributos através da sistemática do Simples Nacional porque, em geral, tem menores alíquotas e dentro do valor a pagar já está embutida a contribuição patronal sobre a folha de pagamento.

Contudo, esse sonho pode ser uma ilusão, principalmente quando a margem de lucro do negócio é menor. Por serem regimes mais simples e fáceis de calcular, o Simples Nacional ou o lucro presumido são muitas vezes escolhidos por comodidade, mas que pode resultar em uma escolha mais cara se não forem previamente calculados e avaliados.

Vamos entender melhor com um exemplo. Suponha um supermercado que tenha uma receita anual de R$ 3.000.000,00. Pelo Simples Nacional, essa empresa pagaria R$ 341.700,00 com tributos. Pelo lucro presumido, esta mesma empresa pagaria somente R$ 177.900,00 relativo aos tributos sobre a receita. Para fazer uma comparação entre os dois sistemas, é necessário acrescentar os encargos tributários sobre a folha de pagamento, pois estes não estão inclusos no lucro presumido. Mesmo assim, há uma economia de R$ 163.800,00 a favor do lucro presumido, a qual seria provavelmente suficiente para pagar os encargos tributários sobre a folha de pagamento e ainda haver sobra, levando o lucro presumido a ser mais vantajoso que o Simples Nacional neste exemplo.

Ainda temos o lucro real como outra opção de regime para calcular os tributos da empresa. Por esse regime, o imposto de renda e a contribuição social sobre o lucro líquido (CSLL) são calculados a partir de uma alíquota percentual sobre **verdadeiro lucro** obtido pela empresa, e não a partir de um percentual sobre a **receita** como acontece no lucro presumido. Vez que no regime do lucro real esses tributos são calculados sobre o **lucro verdadeiro** da empresa, quanto menor o lucro, menores serão esses tributos apurados pelo lucro real.

Pois bem, vamos continuar nosso exemplo, aplicando agora o lucro real. Vamos supor que a margem de lucro dessa empresa comercial seja 5%, resultando em um lucro anual de R$ 150.000,00. O imposto de renda (15%) e a contribuição social sobre o lucro líquido (9%) resultam em R$ 36.000,00 somados. Para calcular o PIS e a Cofins de uma empresa no lucro real, é preciso saber o quanto houve de créditos de PIS e Cofins em suas compras. Vamos considerar que houve R$ 2.200.000,00 em compras, portanto o PIS (1,65%) e a Cofins (7,6%) sobre a diferença entre receita e compras resultam em R$ 74.000,00, significando uma tributação total de R$ 110.000,00 no lucro real e uma economia de R$ 67.900,00 em relação ao lucro presumido.

Em suma, no exemplo acima o lucro real foi ainda melhor que o lucro presumido e o Simples Nacional. Apesar de ser um exemplo, é uma situação que acontece no mundo real e o empresário deve ficar atento a fazer simulações de cada sistema de tributação para o seu negócio. Estas simulações não podem deixar de lado todas as despesas que podem ser consideradas no cálculo do lucro real, para ter uma visão fidedigna da melhor opção que a empresa deve utilizar.

Ainda mais, existem benefícios que as empresas podem obter quando estão no lucro real, que veremos neste livro, como a dedução do auxílio alimentação e dos Juros sobre Capital Próprio (JCP). Esses benefícios adicionais devem ser levados em consideração no cálculo das vantagens do lucro real.

O objetivo deste livro não é lhe tornar um especialista em cálculo de tributos, base de cálculo, alíquotas, etc, nem ser cansativo para você que não deseja isso. É sim lhe apresentar ideias que possam lhe proporcionar uma economia tributária em seu negócio. Para realizar esses cálculos e simulações especificamente para o seu negócio, procure um profissional especialista na área.

Ideia 28. Optar pelo lucro arbitrado para quem não pode optar pelo lucro presumido ou seja mais favorável que as demais opções

Aplicável a todas empresas.

Para algumas empresas, seria mais vantajoso optarem pelo lucro presumido, mas, infelizmente, há alguns impedimentos que as proíbem realizar esta opção. Não podem escolher o lucro presumido as empresas que tenham receita bruta total anual superior a R$ 78.000.000,00, e não podem também as que atuam no setor financeiro e *factoring*, tiverem lucros, rendimentos ou ganhos de capital oriundos do exterior, entre outras atividades. Essas empresas, a princípio, teriam que escolher o lucro real.

As empresas com os impedimentos acima podem também ser candidatas ao **lucro arbitrado**, que tem uma sistemática de cálculo igual ao lucro presumido, com a diferença que a base cálculo do imposto de renda e da CSLL é acrescida em 20%, ou seja, o lucro arbitrado é 20% mais oneroso que o lucro presumido. Para, se possível, se enquadrar no lucro arbitrado, é obrigatório que ocorra, **em linhas gerais**, uma das seguintes situações:

1) **Escolheu indevidamente o lucro presumido:** quando deveria obrigatoriamente ter optado pelo lucro real, mas escolheu o lucro presumido.

2) **Ocorrer falta ou falha na escrituração contábil:** quando não apresentou ao fisco ou fez com erros a escrituração contábil exigida.

É importante ficar claro que caso ocorra qualquer das duas hipóteses acima, a empresa obrigatoriamente terá que ser tributada pelo lucro arbitrado. Existem situações que pagar pelo lucro arbitrado será prejudicial à empresa, mas existem outras que não será.

Ideia 29. Possibilidade de não pagar tributos sobre os inadimplentes

Aplicável a todas empresas.

Além da carga tributária no Brasil ser muito alta, ela é injusta em diversas situações e nos deixa indignados. Muito incomoda ter que pagar impostos sobre os inadimplentes. Mesmo que o cliente não pague, a empresa ainda assim tem que pagar ao governo o ICMS, ISS, PIS, COFINS, imposto de renda, CSLL e outros tributos sobre o produto ou serviço que for vendido. É um prejuízo em dobro porque, além de não receber o valor da venda, ainda temos que pagar os tributos dos inadimplentes.

Porém, existem soluções para alguns tributos.

Para empresas optantes pelo Simples Nacional e pelo lucro presumido, é possível escolher **pagar os tributos pelo regime de caixa**, ou seja, pagar os tributos somente sobre valores efetivamente recebidos e, assim, não pagar sobre os inadimplentes. No regime de caixa, somente no mês em que o cliente pagar pela sua compra e o dinheiro entrar no caixa ou na conta da empresa, o valor pago será utilizado para calcular os tributos do Simples Nacional e do lucro presumido. Se você vende a prazo, terá também o benefício de postergar o pagamento dos tributos da empresa para quando o cliente pagar. Contudo, a empresa deve ter um controle sobre as vendas realizadas e ainda não recebidas, para permitir justificar ao fisco o que ainda não foi recebido por cada cliente.

Para empresas no lucro real, é possível recuperar o imposto de renda e a CSLL, bastando **caracterizar a efetiva inadimplência**, atendendo os requisitos legais. Após um determinado tempo de inadimplência do cliente, a empresa pode considerar que chegou a um ponto de uma perda definitiva e que o cliente não irá mais pagar, podendo abater o valor não recebido deste cliente inadimplente da base de cálculo do imposto de renda e da CSLL. Muitas empresas, por comodidade ou por desconhecimento, desprezam esse benefício.

No caso do PIS e da COFINS, uma solução a ser avaliada é colocar no contrato de venda com o cliente uma cláusula em que se estabeleça a **rescisão do contrato e cancelamento da venda em caso de inadimplemento**. Sobre vendas canceladas não incidem PIS e COFINS, podendo assim recuperar os tributos pagos. A depender da situação, essa estratégia pode também ser utilizada para outros tributos. É necessário avaliar a situação concreta e realizar um contrato com o cliente que seja válido para cancelar a venda e recuperar o tributo pago.

Muitas empresas esquecem ou desconhecem essas possibilidades e acabam pagando mais tributos do que deveriam. Como o objetivo aqui não é lhe cansar ensinando cada pequeno detalhe das soluções acima e sim ensinar a ideia e estratégia, é recomendável procurar um profissional da área para colocar em prática esta ideia e as demais ideias apresentadas neste livro.

Ideia 30. Pagar sem multas os tributos em atraso não declarados

Aplicável a todas empresas.

Se a empresa ou o empresário errarem ou esquecerem ou por qualquer outro motivo deixar de pagar algum tributo, eles podem espontaneamente procurar o fisco para pagarem **SEM** qualquer multa o tributo em atraso, somente pagando juros e correção monetária, se houver. Essa possibilidade chama-se denúncia espontânea e está prevista no Código Tributário Nacional, sendo o fisco obrigado a aceitá-la.

Porém, **ATENÇÃO:** a denúncia espontânea somente é válida se for realizada antes do devedor ser fiscalizado e antes do tributo ser declarado. Se o tributo já estiver sido declarado, não é possível realizar uma denúncia espontânea. Mas, se o tributo tiver sido declarado a menor, pago o valor declarado no vencimento, e depois a empresa constatar que há uma diferença a declarar e a pagar, ela pode fazer uma denúncia espontânea da diferença e ter o benefício de não pagar multas. Ou, se nada tiver sido declarado e nem pago, poderá da mesma forma o contribuinte apresentar uma denúncia espontânea para obter o seu benefício de pagar sem multas.

De tempos em tempos, o fisco pode iniciar um processo de fiscalização para checar a regularidade do contribuinte. Basta esse processo já ter sido iniciado pelo fisco, para não fazer mais sentido o contribuinte se beneficiar de uma denúncia espontânea, ficando impedido de realizá-la em relação aos tributos que sejam alvo da fiscalização.

Essa é uma maneira pensada pela legislação para incentivar os contribuintes a regularizarem os seus tributos em atraso, oferecendo um benefício de não cobrar qualquer multa, inclusive a multa moratória.

Há situações em que a multa pode chegar a 20% ou mais, até mesmo 100%. Apresentando uma denúncia espontânea, essa multa é dispensada por lei, pagando somente juros e correção monetária, se houver.

Existem autoridades fiscais que colocam dificuldades em aceitar uma denúncia espontânea. Mas, fique atento que a autoridade fiscal não pode ficar acima da lei e não pode desrespeitar esse direito cristalino do contribuinte. Quando desejar realizar uma denúncia espontânea que atenda aos requisitos explicados, informe-se sobre o procedimento para realiza-la, pois, para cada tributo e esfera administrativa, o procedimento pode ser diferente, mas nada complicado. Se o fisco colocar dificuldades e não oferecer esse benefício legal, obviamente o contribuinte pode contestar administrativamente ou judicialmente para ter o seu direito garantido.

Ideia 31. Tributação total de 4% na venda de imóveis por incorporadoras

Aplicável às empresas incorporadoras de imóveis.

A incorporação de imóveis nada mais é do que a atividade de, a partir de um terreno desocupado, planejar a construção de unidades imobiliárias, podendo ser lotes, apartamentos, casas, etc., e vendê-las a clientes como se estas unidades fossem mercadorias. Enquanto uma construtora de imóveis executa efetivamente a construção das unidades imobiliárias, a incorporadora se limita a conceber o empreendimento imobiliário e vendê-lo dividindo em unidades imobiliárias. Existem empresas que são, ao mesmo tempo, incorporadoras e construtoras, isto é, ela concebe o empreendimento, vende em unidades imobiliárias e ela mesma as constrói.

Esta ideia se refere à atividade de incorporação imobiliária, na qual existe uma possibilidade legal de pagar uma tributação total de 4% sobre a receita da empresa, a qual na linguagem imobiliária se chama volume geral de vendas (VGV). Essa tributação favorecida é chamada de Regime Especial de Tributação (RET), englobando o pagamento de imposto de renda, CSLL, PIS e COFINS. Assim, os tributos mais onerosos da empresa se resumem a somente uma alíquota de 4% no total.

A atividade imobiliária comercializa um produto muito caro, os imóveis. Portanto, envolve quantias elevadas e cada ponto percentual na redução da carga tributária pode representar milhares ou milhões de reais.

Para ter uma ideia da vantagem da tributação especial oferecida às incorporadoras imobiliárias, no lucro presumido uma incorporadora pagaria entre 5,93% e 6,73% sobre a receita, uma diferença a maior de pelo menos 1,93% (em pontos percentuais) em relação ao RET, podendo chegar a uma diferença a maior de 2,73% (em pontos percentuais). Usando como exemplo uma receita total anual de R$ 50 milhões, no lucro presumido esta incorporadora pagaria R$ 3.341.000,00, relativo à soma do imposto de renda, CSLL, PIS e COFINS, enquanto que no RET pagaria somente R$ 2.000.000,00 por todos estes tributos, refletindo numa economia tributária bastante significativa de R$ 1.341.000,00. Ainda há um inconveniente de, no lucro presumido, haver um limite de receita anual de R$ 78 milhões, enquanto que no RET não há qualquer limite.

No lucro real, provavelmente a tributação seria ainda maior. Até mesmo no Simples Nacional é possível que a tributação seja maior que o RET e ainda há o limite de receita anual de R$ 4.800.000,00.

Para a incorporadora aderir ao RET é obrigatório que ela realize um procedimento para constituir um patrimônio de afetação que se resume a separar o patrimônio do empreendimento (terreno) onde serão construídas as unidades imobiliárias vendidas aos clientes, a fim de que as dívidas da incorporadora não atinjam e não sejam pagas com o terreno e as unidades imobiliárias construídas para o empreendimento. É uma forma de dar maior segurança aos clientes para que a compra que ele está fazendo não seja contaminada e desviada para pagamentos de dívidas que não têm qualquer relação com o empreendimento imobiliário que ele adquiriu.

O procedimento para formar o patrimônio de afetação é realizado através de simples averbação no cartório onde está registrado o terreno ou ainda através de uma declaração anexa no memorial de incorporação. Para aderir ao RET, basta realizar uma solicitação junto à Receita Federal, apresentando a documentação apropriada.

Ideia 32. Fazer um acordo para pagar dívidas tributárias com redução do valor

Aplicável a todas empresas.

Desde outubro de 2019, é possível os contribuintes em débito com o governo federal realizarem um acordo e negociação para a redução do valor de suas dívidas tributárias federais, podendo chegar a um desconto de 50% do valor da dívida e, no caso de pessoas físicas, microempresas e empresas de pequeno porte, um desconto de 70% do valor da dívida.

Essa ideia é um alívio para os contribuintes endividados que se enquadrem nos requisitos que permitem aproveitar essa transação tributária, em que o governo federal e o contribuinte fazem concessões uns aos outros. O governo federal concede uma redução no valor da dívida ou o seu parcelamento em troca do contribuinte devedor cumprir com o pagamento e desistir de discutir e recorrer nas esferas administrativa e judicial, além de outras concessões que podem ser exigidas do contribuinte devedor, podendo também conceder um prazo para iniciar o pagamento do parcelamento.

O governo federal observou que algumas dívidas tributárias passam anos e anos sendo discutidas administrativamente e judicialmente, de forma que a probabilidade de recebimento delas se torna mínima, ou que o devedor se encontra em uma situação econômica tão delicada que dificilmente conseguiria pagar o seu débito. Para situações assim, de dificuldade do fisco federal receber os tributos, o contribuinte devedor poderá fazer uma negociação com o governo federal. Há também a possibilidade de realizar essa transação ou negociação em situações especiais, como no momento de pandemia que vivemos, quando foi aberta uma possibilidade de transação, com a redução do valor da dívida ou o seu parcelamento, voltada especificamente para as empresas que demostrem que a pandemia impactou negativamente em seus negócios com a consequente dificuldade de pagar os seus tributos federais.

Essa ideia não deve ser usada indiscriminadamente. Não é algo que deve ser planejado antecipadamente para se tornar inadimplente e depois buscar fazer uma negociação. Se esse for o caso e ficar comprovado que foi de propósito, a transação não será autorizada. Como também não serão autorizadas negociações para devedores contumazes em que já é costume terem dívidas tributárias. A transação só se aplica para devedores que se tornaram inadimplentes por conta de dificuldades ocorridas em sua empresa contra a sua vontade ou porque é uma questão controvertida que poderá levar anos para ser decidida ou que há pouca chance do fisco federal obter sucesso em receber o pagamento da dívida.

Estando sua empresa nessa situação, a empresa em débito pode tanto individualmente apresentar uma proposta de negociação da dívida específica para seu caso, como também, aderir a programas de transação pré-estabelecidos aberto a todos que cumpram os requisitos. É recomendável o auxílio de um profissional capacitado para avaliar as condições da negociação e concretizá-la.

Ideia 33. Pagar dívidas tributárias com precatórios de terceiros adquiridos com desconto

Aplicável a todas empresas.

Quando uma empresa ganha uma ação tributária contra o governo federal, estadual ou municipal, em que pede a restituição de valores pagos a maior ou indevidamente, o valor a ser devolvido entra em uma fila de pagamento enorme, que pode levar anos ou décadas para receber a quantia devida através dos chamados precatórios.

Por outro lado, uma empresa pode ter dívidas tributárias a pagar. Então, ao mesmo tempo em que o governo tem uma fila de pagamentos a realizar, ele tem também valores a receber originadas de dívidas tributárias dos contribuintes. Quando a mesma empresa tem valores a receber do governo e valores devidos a pagar ao mesmo governo, é permitido realizar uma compensação entre os valores a receber com os valores a pagar, extinguindo a dívida tributária da empresa. Esse é um mecanismo muito benéfico para as empresas porque ao invés de esperar anos e anos para receber seu precatório, ela paga suas dívidas tributárias compensando com os longos precatórios a receber.

É muito difícil coincidir que a mesma empresa endividada tenha também precatórios a receber do governo. Mas, qualquer um e inclusive esta empresa endividada podem comprar precatórios de terceiros, ou seja, de outras empresas ou pessoas que tenham valores a receber do governo. E a vantagem aqui é muito significativa porque existem muitas empresas e pessoas que estão dispostas a conceder um deságio ou desconto no valor do precatório a receber, para que você lhe pague logo à vista o que ele poderia levar anos e anos para ela receber. Há relatos de transações em que precatórios foram comprados com um deságio de até 3% por mês e um total de desconto de até 50% sobre o valor cheio do precatório, a depender do seu prazo.

Portanto, a ideia aqui é a empresa com dívidas tributárias comprar, com um bom deságio, precatórios de terceiros e utilizar o valor cheio desses precatórios comprados para pagar sua dívida, ganhando para si o deságio obtido. Pode inclusive combinar com a Ideia 32. acima para pagar o acordo transacionado com precatórios de terceiros adquiridos com o benefício do deságio.

Atenção: é altamente recomendável o auxílio de um profissional capacitado para realizar uma análise da validade do precatório a ser adquirido e para a realização dos trâmites necessários para que ocorra a compensação com os precatórios. Os governos federal, estadual e municipal possuem características específicas para a realização de pagamento de dívidas tributárias com precatórios de terceiros, o que também pode ser auxiliado por um profissional especializado.

Ideia 34. Oferecer um desconto no valor do precatório a receber para ser pago antecipadamente

Vimos na Ideia 33. acima que o governo demora muito a pagar o que deve às empresas que ganharam ações tributárias na justiça, pois é obrigatório obedecer a uma longa fila de pagamentos. Em uma explicação simplificada, essa longa fila de pagamentos é chamada de precatório.

Quem estiver com pressa de receber logo o seu precatório tem a possibilidade de vendê-lo para terceiros oferecendo um desconto. O terceiro comprador paga à vista à empresa apressada e, no futuro, o terceiro receberá do governo o valor do precatório obedecendo à fila de pagamentos.

Contudo, procurar um terceiro para vender o precatório pode ser mais prejudicial a quem está vendendo porque ele provavelmente terá que oferecer um desconto expressivo para conseguir encontrar alguém que esteja disposto a lhe pagar à vista.

A ideia aqui é ir por outro caminho: negociar com o próprio governo e lhe oferecer um desconto para ele pagar mais rápido sem passar pela longa fila do precatório. Havendo concordância e sendo aceita a proposta pelo governo, muito provavelmente será um desconto menor do que haveria que oferecer a um terceiro interessado, sendo mais benéfico para a empresa.

Esse processo de oferecer um desconto para receber logo o seu precatório funciona como se fosse uma espécie de leilão. Serão aceitas as propostas das empresas que oferecerem maior desconto para o governo, ou seja, as melhores propostas para o governo terão os seus precatórios pagos mais rapidamente. De tempos em tempos, o governo abre a possibilidade das empresas apresentarem suas propostas de desconto para receberem mais rápido o seus precatórios. Portanto, quem tiver interesse, deve ficar atento.

Existe legislação específica em cada esfera de governo para a empresa oferecer um desconto e passar na frente da fila do precatório. Pode acontecer, em situações específicas, do pagamento não ser de imediato à vista, mas dentro de alguns meses, pois depende da situação financeira do governo. Cabe ao empresário e gestor verificarem os requisitos que se aplicam ao seu caso e avaliar o benefício de receber antecipadamente.

Ideia 35. Aproveitar o bônus de adimplência que todos bons pagadores têm direito a receber de volta

Aplicável somente às empresas tributadas pelo lucro real ou presumido.

Para premiar os bons pagadores, o governo federal devolve parte da CSLL a quem cumprir alguns requisitos. O objetivo é incentivar os contribuintes a não atrasarem o pagamento dos seus tributos federais e a cumprirem todas as suas obrigações fiscais federais.

Então, para fazer jus a este benefício, (i) não pode a empresa ter pago atrasado qualquer tributo federal, nem mesmo um centavo atrasado, nos últimos 5 anos. Também a empresa, nos últimos 5 anos: (ii) não pode ter sido multada, (iii) não pode ter débitos que estejam com a cobrança suspensa, (iv) não pode ter débitos inscritos em dívida ativa e (v) não pode ter entregue alguma obrigação acessória (declaração) atrasada ou não a ter entregue.

Caso a empresa tenha sido multada e depois a multa tenha sido cancelada ou a cobrança de algum débito estava suspensa e depois o débito tenha sido cancelado, a empresa poderá aproveitar o bônus retroativamente desde o ano que estava impedida de aproveitá-lo por estes motivos. Observe que são requisitos que caracterizam os bons pagadores e os bons cumpridores de suas obrigações e somente estes serão contemplados.

A grande maioria das empresas desconhece este benefício e o desperdiça, mesmo tendo direito. Agora que você tem conhecimento dele, a ideia aqui é justamente, para quem tem condições, criar uma rotina na empresa para não deixar pagar atrasado nem mesmo um centavo, cumprir a entrega das declarações no prazo e cumprir os demais requisitos. Existem empresas que, quando tomam conhecimento deste benefício, deixam de aproveitá-lo porque pagaram, por exemplo, irrisórios R$ 20,00 atrasados nos últimos 5 anos, ou entregaram atrasado por um único dia alguma declaração. Sabendo da consequência da perda deste bônus, deve haver uma disciplina para isso não acontecer.

O benefício deste bônus corresponde a 1% da CSLL calculada pela sistemática do lucro presumido. Tanto as empresas optantes pelo lucro presumido quanto pelo lucro real podem aproveitar este bônus de adimplência. Mas, o seu cálculo é realizado a partir da sistemática do lucro presumido, mesmo que a empresa pague seus tributos pelo lucro real.

Vamos usar um exemplo para entender melhor. Suponha uma empresa prestadora de serviços que tenha uma receita anual de R$ 10 milhões. Para empresas prestadoras de serviços, a base de cálculo presumida da CSLL é 32%, o que resulta em R$ 3.200.000,00. A empresa que cumprir os requisitos terá de volta 1% desse valor, o que corresponde a R$ 32.000,00 neste ano, uma quantia significativa que não pode ser desperdiçada. Já para uma empresa do comércio, indústria, serviços hospitalares ou de transporte tem uma base cálculo presumida da CSLL igual a 12%. Usando os dados do mesmo exemplo, a base de cálculo corresponde a R$ 1.200.000,00 e o benefício do bônus de adimplência de 1% sobre este valor resulta em R$ 12.000,00, que também não pode ser ignorado. O valor do bônus é abatido do valor da CSLL a pagar pela empresa.

É importante ressaltar novamente que as empresas do lucro real também podem aproveitar este bônus de adimplência. Somente quem está no Simples Nacional não pode aproveitá-lo. Este é um benefício oferecido pelo governo federal, portanto, o pagamento dos tributos estaduais e municipais não influencia no bônus oferecido pelo governo federal.

Ideia 36. Aproveitar o benefício tributário da previdência privada PGBL

Aplicável às pessoas físicas.

O Plano Gerador de Benefício Livre (PGBL) é um tipo de plano de previdência privada que oferece um significativo benefício fiscal para investidores pessoa física que realizam sua declaração de imposto de renda pelo modelo completo.

Apesar desta ser uma ideia que se aplica às pessoas físicas, é importante explicá-la para que os sócios pessoas físicas das empresas possam aproveitá-la, caso se encaixe nos requisitos a serem exibidos a seguir.

O valor investido em PGBL pode ser deduzido da base de cálculo do imposto de renda pessoa física. Se você estiver na faixa de alíquota de 27,5% e declarar pelo modelo completo, irá reduzir o seu imposto de renda em 27,5% do valor investido em PGBL. Contudo, a dedução está limitada ao investimento de até 12% dos seus rendimentos tributáveis.

Por exemplo, vamos supor que você tenha em um ano rendimentos tributáveis no valor de R$ 300.000,00 e tenha investido R$ 36.000,00 em PGBL neste mesmo ano. Observe que o investimento em PGBL está dentro do limite de 12%. Considere que você está na alíquota máxima de 27,5% de imposto de renda pessoa física. O valor investido no PGBL irá permitir reduzir 27,5% de R$ 36.000,00, o que resulta em uma redução de R$ 9.900,00 no imposto de renda a pagar.

O investimento em PGBL tem que ser planejado como um investimento de longo prazo, pois é uma previdência privada. Se for resgatado logo, terá que pagar de volta o imposto de renda que foi economizado. Sendo planejado para um resgate no longo prazo, o ideal é escolher a tributação regressiva, em que após 10 anos é pago somente uma alíquota de 10% sobre o valor resgatado.

Ou seja, no momento do investimento, economiza-se 27,5% e no momento do resgate, após no mínimo 10 anos, paga-se 10% de imposto de renda, usufruindo um benefício econômico líquido de 17,5%.

Saliento que esta ideia só se aplica a investimento em PGBL e não em VGBL, que tem outra sistemática de tributação.

Ideia 37. Declarar pelo valor de mercado o imóvel recebido pelo herdeiro

Aplicável às pessoas físicas.

Apesar desta ideia não se aplicar às empresas, é importante esta estratégia ser conhecida e aplicada pelas pessoas físicas, incluindo os sócios das empresas, a fim de reduzirem o imposto de renda sobre o ganho de capital em uma futura venda de imóveis recebidos por herança. Isto pode economizar um bom dinheiro em imposto de renda da pessoa física a depender do tempo em que o imóvel foi comprado por quem deixou a herança.

Funciona da seguinte forma: quando um herdeiro recebe um imóvel por herança, ele tem que declarar o valor desse imóvel em sua própria declaração de imposto de renda pessoa física. No dia que esse herdeiro for eventualmente vender este imóvel, ele terá que pagar imposto de renda sobre a diferença de ganho entre o valor da venda e o valor que ele tem declarado em seu imposto de renda. Então, quanto maior for o valor que o herdeiro tenha declarado em seu imposto de renda, menor será o seu ganho na venda e menor será o imposto calculado sobre este ganho.

Por exemplo, se um herdeiro recebe e declara um imóvel pelo valor histórico de R$ 200.000,00, e ele, no futuro, vendê-lo por R$ 600.000,00, ele pagará 15% sobre a diferença de ganho de capital de R$ 400.000,00, resultando em um imposto de renda de R$ 60.000,00. A depender do tempo em que esse imóvel for comprado, há uma redução no valor desse imposto, mas não vamos considerar isto agora neste exemplo.

Por outro lado, se este mesmo herdeiro declara o imóvel recebido por R$ 500.000,00 e vender no futuro por R$ 600.000,00, ele terá um ganho de R$ 100.000,00, resultando em um imposto de renda de R$ 15.000,00, calculado com uma alíquota de 15% sobre o ganho. Então, fica claro que quanto maior for o valor declarado do imóvel recebido na herança, menor será o imposto de renda quando este imóvel for vendido no futuro.

Contudo, a gente não pode declarar com qualquer valor o imóvel recebido por herança. Existem somente duas hipóteses: (i) podemos declarar pelo mesmo valor histórico que consta na declaração de quem deixou a herança ou (ii) podemos declarar pelo valor de mercado que foi considerado no inventário ou na partilha da herança.

Como o valor atual de mercado é muito provavelmente superior ao valor histórico de compra do imóvel, pois um imóvel tem uma tendência de se valorizar com o tempo, a ideia aqui é justamente usar a segunda opção em que o herdeiro declara o imóvel recebido pelo valor de mercado constante no inventário ou partilha, quando este for superior ao seu valor histórico. No momento em que isto for feito, deverá ser pago imposto sobre a diferença entre o valor histórico e o valor de mercado. Porém, quanto mais tempo houver da aquisição do imóvel por quem o deixou como herança, maior será o desconto sobre este imposto, podendo o imposto chegar a ser zero para imóveis adquiridos há bastante tempo. Há um programa chamado Ganho de Capital disponibilizado pela Receita Federal para fazer o cálculo do imposto com este desconto.

Continuando nosso exemplo para entender melhor, o herdeiro iria declarar o imóvel pelo valor de mercado de R$ 500.000,00. Neste momento, ele teria que pagar 15% de imposto sobre a diferença do valor histórico de R$ 200.000,00 e o valor de mercado de R$ 500.000,00, o que resultaria em um imposto de renda de R$ 45.000,00 (15% de R$ 300.000,00). Vamos supor que este imóvel foi adquirido há alguns anos por quem o deixou de herança e impactou em um desconto de 50% no valor do imposto, resultando em um valor final de R$ 22.500,00 relativo ao imposto de renda.

Por esta estratégia, o herdeiro pagaria R$ 22.500,00 no momento que estiver recebendo o imóvel como herança, mais R$ 15.000,00 quando fosse vender este imóvel no futuro por R$ 600.000,00, resultando em um total de carga tributária de R$ 37.500,00. Ao passo que ele pagaria R$ 60.000,00 de imposto de renda se não adotar esta ideia e declarar o imóvel pelo seu valor histórico. Uma economia tributária relevante de R$ 22.500,00 em seu imposto de renda para um imóvel de R$ 600.000,00.

Esta ideia torna-se relevante porque permite indiretamente que o herdeiro aproveite o desconto que o governo federal oferece quando o imóvel é adquirido há mais tempo. Se o herdeiro declarar o imóvel pelo seu valor histórico, ele acaba desprezando o tempo do desconto entre o dia que o imóvel foi adquirido por quem deixou a herança e o dia em que é realizado o inventário ou a partilha.

É importante salientar que em venda de imóveis que gerem um ganho superior a 5 milhões de reais, a alíquota do imposto de renda pode chegar a 22,5%, sendo ainda mais vantajosa esta ideia.

Ideia 38. Aproveitar a isenção de imposto de renda na venda de imóveis por pessoa física

Aplicável às pessoas físicas.

Muitas pessoas físicas são pegas de surpresa com o imposto de renda pessoa física que deve ser pago quando vendem um imóvel. A regra geral é que sobre o lucro resultante (ganho de capital) da diferença entre o valor da venda e o valor de custo do imóvel seja tributado com uma alíquota de 15%, podendo chegar a 22,5% quando o lucro da transação for superior a R$ 30 milhões.

Apesar desta ser uma ideia que se aplica às pessoas físicas, é importante explicá-la para que os sócios das empresas possam aproveitá-la, caso se encaixe nos requisitos a serem exibidos a seguir.

Contudo, há um alívio e uma solução. Se o valor recebido na venda do imóvel for utilizado para comprar um ou mais imóveis dentro de seis meses, haverá isenção e dispensa do pagamento do imposto de renda sobre o ganho. Dessa forma, a pessoa física que se planejar e tiver oportunidade e necessidade de comprar outro imóvel dentro do prazo de seis meses será beneficiada com esta isenção.

É importante esclarecer que esta ideia de isenção somente pode ser usufruída a cada cinco anos. Ou seja, quando a pessoa física se beneficiar desta isenção, ela tem que esperar pelo menos cinco anos para usá-la novamente em outra venda de imóvel.

Ideia 39. Não pagar ITBI em promessa de compra e venda de imóveis

Aplicável a todas empresas e às pessoas físicas.

Quando há compra e venda de imóveis, há a obrigação de pagar ao fisco municipal o imposto de transmissão sobre bens imóveis (ITBI), calculado sobre o valor do imóvel.

Cobrança de ITBI só é possível após transferência efetiva do imóvel

O STF manteve decisão que considerou ilegal a cobrança do imposto, pela Prefeitura de São Paulo, antes do registro em cartório.

Ocorre que a lei determina que este imposto seja pago quando realmente for transmitida a propriedade do imóvel. A transmissão ou transferência da propriedade de imóveis somente acontece quando é assinada a escritura e registrada no cartório de registro de imóveis. Portanto, antes de registrar a compra e venda no cartório, não é devido o pagamento do ITBI, tendo, inclusive, o STF se manifestado a esse respeito e confirmado o que já se previa na lei.

Em transações com imóveis, muitas vezes, é mais viável realizar, de início, um contrato de **promessa** de compra e venda de um imóvel para, no futuro, a depender do que for combinado entre as partes, ser concretizada a transação com a assinatura da escritura definitiva e seu registro no cartório. Como o nome do contrato mesmo diz, é, por enquanto, uma **promessa** de realizar no futuro a concretização da compra e venda do imóvel, que pode ser cumprida ou desistida, a depender dos termos do negócio e dos fatos que vierem a ocorrer.

Enquanto o registro da escritura no cartório não ocorrer, a propriedade do imóvel ainda não foi transmitida ao comprador. Como não pode incidir um imposto de transmissão enquanto não acontecer a dita transmissão da propriedade, logicamente não há que ser pago qualquer imposto de transmissão no momento da assinatura do contrato de promessa de compra e venda, visto que ainda não ocorreu a esperada transmissão da propriedade do imóvel.

Um exemplo muito comum que acontece nesses casos de contrato de compra e veda de imóveis é quando uma empresa ou alguém compra um imóvel "na planta", que ainda não está pronto, em uma construtora ou incorporadora de imóveis. Somente quando, no futuro, o imóvel está construído e o comprador quita todos os valores devidos, é que a construtora ou incorporadora procede com a transferência do imóvel através da assinatura da escritura e seu registro no cartório. Contudo, existem muitas prefeituras que continuam obrigando esses clientes a pagarem o ITBI logo que eles assinam o contrato de compra e venda com a construtora ou incorporadora, independente da escritura e seu registro no cartório. Como dito acima, essa questão já foi analisada pelo STF e a sua decisão foi clara no sentido que a lei somente obriga a pagar o ITBI quando a escritura for registrada no cartório e não no momento da assinatura do contrato de compra e venda.

Mesmo nas transações entre as pessoas físicas, é também comum primeiro realizar um contrato de compra e venda do imóvel para, posteriormente, cumpridas as condições do contrato, ser assinada a escritura e ter seu registro efetivado. Novamente, só é devido o ITBI no momento do registro da escritura no cartório e ele não pode ser cobrado antes deste fato.

A possibilidade apresentada nesta ideia é importante porque acontece muitas vezes das partes desistirem da compra e venda do imóvel ou até mesmo transferir o contrato para outra pessoa antes de assinar a escritura definitiva. Alguém pode comprar um imóvel "na planta" e depois revender e transferir este contrato de compra do imóvel para outra pessoa antes de assinar a escritura. Pelo desejo de muitas prefeituras, mesmo desistindo de concretizar a compra do imóvel, é devido o imposto logo que é assinado o contrato, sem restituição. E, de forma absurda, exige que a cada vez que o contrato seja transferido para outra pessoa, deve pagar novamente o ITBI.

O que esta ideia está trazendo é você não pagar o ITBI logo que assinar um contrato de compra e venda de imóvel. Você poderá não concretizar o negócio e continuar sem pagar o ITBI. Poderá transferir o contrato para outra pessoa, vendendo o imóvel antes de assinar a escritura, e continuar sem pagar o ITBI. E somente pagar o ITBI somente quando assinar e registrar a escritura definitiva no cartório de registro de imóveis.

Caso você tenha realizado um contrato de compra e venda de imóvel e ainda não teve a escritura definitiva registrada, você poderá pedir a restituição do valor pago pelo ITBI e somente pagá-lo quando ocorrer o registro da escritura.

Possivelmente, a prefeitura onde o imóvel está localizado irá cobrar o ITBI logo quando você assinar o contrato de compra e venda do imóvel. Você poderá contestar judicialmente essa atitude ilegal para pedir que os seus direitos sejam respeitados.

Ideia 40. Redução do valor do IPTU e do ITBI por meio de laudo de avaliação do valor do imóvel ou por meio do valor real da transação

Aplicável a todas empresas e às pessoas físicas.

Todos sabem que os proprietários de imóveis urbanos têm que pagar anualmente o seu IPTU (Imposto Predial Territorial Urbano). Não é só isso: ao comprar um imóvel, o comprador tem também a obrigação de pagar outro imposto, o ITBI (Imposto de Transmissão de Bens Imóveis).

Para ambos os impostos, o valor a pagar deve ser calculado sobre o valor venal do imóvel, ou, simplesmente, o valor que ele vale no mercado. Ocorre que as prefeituras utilizam fórmulas e tabelas genéricas pré-definidas de valor dos imóveis de acordo com suas características, como localização, padrão de construção, instalações, etc. No final do cálculo com essas fórmulas e tabelas, pode acontecer do valor atribuído ao imóvel ser superior ao seu valor de mercado, e, consequentemente, o valor cobrado do IPTU ou do ITBI ser superior ao devido, e essa cobrança indevida se perpetuar por todos os anos.

Nessas situações, o proprietário ou o comprador do imóvel pode demonstrar administrativamente ou judicialmente que o valor venal atribuído pela prefeitura não corresponde ao valor de mercado do imóvel. A ideia aqui é o proprietário ou o comprador do imóvel apresentar um laudo de avaliação elaborado por um profissional especialista capacitado que demonstre, através de pesquisa de preços e métodos estatísticos, o valor de mercado do imóvel, que seria aquele valor que o imóvel poderia ser efetivamente vendido se fosse colocado à venda. Quando a prefeitura apresenta o valor venal do imóvel, através de fórmulas e tabelas, ela está fazendo uma presunção e esta pode ser contestada através de uma prova em contrário, que seria o laudo de avaliação.

Uma situação mais absurda ainda de atribuição indevida de 

valor venal de imóvel é em relação ao ITBI devido na compra de imóvel. Existem situações em que o comprador paga um determinado valor por um imóvel e a prefeitura utiliza como base de cálculo do ITBI um valor superior ao que está sendo pago na transação! Nesta situação, existem decisões judiciais favoráveis ao contribuinte comprador do imóvel para que seja considerado como base de cálculo o valor efetivamente pago pelo imóvel porque nada mais evidente e lúcido do valor de mercado de um imóvel que o valor que está sendo pago por ele.

Como o cartório exige o pagamento do ITBI para que seja feita a escritura, a contestação administrativa ou judicial do valor de mercado do imóvel poderia atrasar a formalização da escritura e a concretização do negócio de compra do imóvel. Nestas situações, se houver urgência em realizar a transação e não seja possível aguardar uma medida liminar judicial, é aconselhável pagar o que a prefeitura está exigindo para poder realizar logo a assinatura da escritura e, posteriormente, contestar administrativamente ou judicialmente para pedir a restituição do valor indevido pago a maior.

Quando o proprietário do imóvel recebe a correspondência no início de cada ano para pagar o IPTU, ele pode contestar o seu valor na própria prefeitura, dentro do prazo permitido por cada prefeitura, apresentando o laudo de avaliação. Ou pode recorrer também à via judicial, apresentando também o laudo de avaliação.

Como todo tributo que tenha sido pago indevidamente a maior, o proprietário pode pedir restituição dos últimos cinco anos, apresentando suas razões através de um laudo de avaliação.

Ideia 41. Pagar juros sobre capital próprio aos sócios com o efeito de reduzir o imposto de renda e a CSLL

Aplicável somente às empresas tributadas pelo lucro real.

Sabemos que há despesas que reduzem o lucro tributável e, consequentemente, reduzem o imposto de renda e a CSLL a pagar pela empresa. Contudo, existem alguns pagamentos que a empresa realiza que não reduzem o lucro tributável e muito menos o imposto de renda e a CSLL a pagar. Por exemplo, quando a empresa distribui e paga aos sócios o lucro obtido, não há redução do imposto de renda e da CSLL a pagar.

No Brasil, diferente do resto do mundo, existe um mecanismo chamado Juros sobre Capital Próprio (JCP) que permite que a empresa pague juros aos sócios e que, para as empresas do lucro real, o valor deste pagamento reduza o lucro tributável e, consequentemente, diminua também o imposto de renda e a CSLL a pagar pela empresa.

A ideia aqui é utilizar este mecanismo aproveitado por grandes empresas, mas esquecido por pequenas e médias empresas. O pagamento de JCP implica no pagamento de 15% de imposto de renda retido na fonte, mas, a redução no lucro tributário gera uma economia de até 34% no imposto de renda e CSLL da empresa, gerando um benefício líquido de até 19% sobre o JCP pago, a depender do volume de lucro da empresa.

O JCP é encontrado pela aplicação da Taxa de Juros de Longo Prazo (TJLP) sobre o patrimônio líquido da empresa. Ele tem que ser no máximo igual a 50% do lucro líquido do período ou no máximo igual a 50% da soma dos lucros acumulados e da reserva de lucros, sem computar o lucro do exercício, ou seja, o maior dos dois limites.

Por exemplo, vamos supor uma empresa que tenha um patrimônio líquido igual a R$ 1.000.000,00 e a TJLP seja 5% ao ano. O lucro líquido obtido pela empresa no período de um ano foi R$ 50.000,00 e a soma dos lucros acumulados e da reserva de lucros, sem computar o lucro do exercício, é igual a R$ 90.000,00. A princípio, o JCP permitido seria 5% de R$ 1.000.000,00, resultando em R$ 50.000,00. Mas, como há o limite de 50% sobre o lucro líquido (R$ 25.000,00) e o outro limite de 50% da soma dos lucros acumulados e da reserva de lucros (R$ 45.000,00), o JCP máximo que pode ser pago é o maior dos dois limites, ou seja, R$ 45.000,00.

Agora, vamos ver o benefício econômico obtido. O pagamento de JCP aos sócios no valor de R$ 45.000,00 implicará na incidência de 15% de imposto de renda retido na fonte, correspondendo a R$ 6.750,00. Contudo, o pagamento de JCP gera uma despesa de R$ 45.000,00 para a empresa, reduzindo sobre este valor até 34% de imposto de renda e CSLL a pagar pela empresa. Considerando um benefício de 34%, resultará em uma economia de R$ 15.300,00 em relação a imposto de renda e CSLL. No final, haverá um benefício econômico líquido de R$ 8.550,00, resultante da diferença entre R$ 6.750,00 e R$ 15.300,00.

Ideia 42. Fazer aplicações financeiras em nome de pessoa física para evitar a maior carga tributária sobre rendimentos financeiros de empresas

Aplicável às empresas tributadas pelo lucro real, presumido ou arbitrado.

Quando uma empresa tributada pelo lucro real, presumido ou arbitrado realiza aplicações financeiras, a regra geral é que ela tem que pagar entre 24% e 34% de imposto de renda e CSLL sobre os rendimentos financeiros. A variação da alíquota total entre 24% e 34% depende do volume de lucro da empresa.

Pesando mais ainda, as empresas do lucro real têm adicionalmente que pagar um total de 4,65% relativo ao PIS e COFINS sobre os rendimentos financeiros. Portanto, pode chegar próximo de 40% a tributação para as empresas do lucro real.

Por outro lado, aplicações financeiras realizadas por pessoas físicas possuem a regra geral de pagar entre 15% e 22,5% sobre os rendimentos financeiros obtidos. A variação entre 15% e 22,5% depende do prazo em que o recurso ficou aplicado, sendo igual a 15% quando o prazo for superior a dois anos.

Em conclusão, a tributação sobre rendimentos financeiros para pessoa física é substancialmente menor que para as empresas, tanto para as empresas do lucro presumido e arbitrado e ainda mais vantajoso que as empresas do lucro real.

Devido a essa considerável diferença de tributação, nasce a ideia de concentrar, quando possível, as aplicações financeiras em nome da pessoa física do sócio e não em nome da empresa. Se a empresa tiver recursos financeiros que não têm necessidade de serem mantidos na sua conta bancária, a ideia é distribuir lucros aos sócios, no montante que for possível e que não prejudique as operações e atividades da empresa, para evitar a maior tributação que a empresa paga sobre rendimentos financeiros.

Por exemplo, uma empresa do lucro real que tenha algum montante em aplicação financeira tipo renda fixa e obtenha rendimentos financeiros iguais a R$ 50.000,00 em um ano, pagaria, pela maior soma de alíquotas (38,65%), a quantia de R$ 19.325,00 em tributos sobre estes rendimentos. Enquanto que se esse mesmo remontante estiver investido em nome de pessoa física, pagaria somente R$ 7.500,00 em tributos, considerando a alíquota de 15% para um prazo de investimento superior a dois anos. Há uma economia substancial de R$ 11.825,00.

Fazendo o mesmo exemplo com os mesmos dados agora em uma empresa do lucro presumido, a carga tributária (34%) sobre os rendimentos financeiros resultaria em R$ 17.000,00. Mesmo assim, o benefício econômico de realizar esse investimento em nome de pessoa física ainda seria substancial, na ordem de R$ 9.500,00.

Portanto, se sua empresa for tributada pelo lucro real, presumido ou arbitrado, considere a ideia de distribuir lucros aos sócios, caso possível, para que investimentos financeiros sejam ao mínimo realizados em nome da empresa.

Ideia 43. O fisco não pode reter mercadorias para cobrar impostos e não pode restringir emissão de alvará de funcionamento para cobrar dívidas

Aplicável a todas empresas.

Muitos Estados e Prefeituras aprenderam uma forma ilegal e incorreta de cobrar: (i) prendem mercadorias ou (ii) não renovam o alvará de funcionamento ou (iii) fazem outras restrições de funcionamento prejudiciais às empresas enquanto elas estiverem com débito tributário.

Decisões dos tribunais superiores não permitem que isso aconteça, deixando claro que "é inadmissível a apreensão de mercadorias como meio coercitivo para pagamento de tributos", como também "é inadmissível a interdição de estabelecimento como meio coercitivo para a cobrança de tributo", e ainda mais "não é lícito à autoridade proibir que o contribuinte em débito ... exerça suas atividades profissionais".

O fisco tributário possui outros meios de cobrar. Não pode usar desses meios ilícitos para constranger o contribuinte, prejudicando ainda mais as condições do empresário trabalhar para poder pagar seus compromissos.

Esta ideia pode reduzir indiretamente o pagamento de tributos. Muitas vezes o empresário desavisado paga tributos indevidos porque é forçado por esses meios ilícitos a fazer o pagamento para não prejudicar o andamento das atividades de sua empresa. O empresário que sabe de seus direitos não irá cair nesse constrangimento e não irá pagar tributos indevidos pelo receio de sofrer uma cobrança forçada.

Portanto, se você algum dia se encontrar em algumas dessas situações constrangedoras, saiba que existem medidas que podem ser adotadas para se livrar dessa cobrança forçada e ilícita.

Ideia 44. Aproveitar o aumento do número de benefícios e incentivos fiscais de ICMS que foram validados por meio de lei complementar

Aplicável às empresas que pagam ICMS, exceto pelo Simples Nacional.

A chamada "guerra fiscal" entre os estados já dura décadas. Para atrair investimentos e mais contribuintes pagadores de ICMS, os estados oferecem benefícios e incentivos fiscais de ICMS que se tornam muito vantajosos para as empresas que podem aproveitá-los. Esses incentivos fiscais incluem isenções, redução de valor a pagar, maior prazo para pagar, entre outros.

Acontece que, para um estado conceder algum incentivo fiscal de ICMS, é obrigatório que todos os demais estados concordem, conforme determina a constituição federal. Obviamente, a unanimidade é difícil de ser alcançada e, por isso, os estados muitas vezes concedem incentivos fiscais irregulares, sem atender essa exigência de unanimidade. Este ponto gerou várias multas fiscais e disputas judiciais para impedir que esses incentivos irregulares venham a surtir efeitos, disseminando uma verdadeira insegurança jurídica entre aqueles que pretendem se beneficiar dos incentivos fiscais, pois poderia ocorrer um prejuízo em glosas e multas para as empresas que aderissem ao benefício fiscal irregular.

Contudo, com a aprovação de leis complementares recentes[2], os estados receberam a oportunidade de terem os seus incentivos fiscais validados mesmo que tenham sido oferecidos de forma irregular e sem a aprovação unânime dos demais estados. Com isso, acabou a insegurança jurídica das empresas serem prejudicadas por estarem aderindo a um incentivo fiscal irregular, pois, com essas leis, os incentivos irregulares puderam passar a ser válidos e regulares.

Ainda mais, cada estado pode "copiar" e passar a oferecer benefícios fiscais que são oferecidos por outros estados dentro de sua mesma região geográfica. Por exemplo, o Estado de São Paulo pode oferecer, se desejar, incentivos fiscais existentes em outros estados da região sudeste. Essa possibilidade de cópia elevou o número de incentivos fiscais oferecidos por cada estado.

A ideia aqui é justamente procurar conhecer os incentivos fiscais de ICMS oferecidos pelo seu estado ou pelo estado onde você pretende implantar a sua empresa. Cada estado tem o seu próprio conjunto de incentivos fiscais e ficaria demasiadamente longo se este livro listasse os diversos incentivos fiscais de cada estado. Como é fácil na *internet* pesquisar os benefícios fiscais de cada estado, fica a cargo do leitor fazer esta pesquisa.

Outro fato importante é que se um incentivo fiscal foi concedido a uma determinada empresa, todas as demais empresas têm direito a aderir ao mesmo incentivo fiscal, desde que cumpra as condições exigidas para obtê-lo. Portanto, se você tiver conhecimento que alguma empresa tem o benefício fiscal que você gostaria também de usufruir, faça um requerimento perante a secretaria da fazenda do estado para pedir o mesmo benefício, demonstrando que você se

---

[2] Lei complementar 160/17 e 170/19

encontra na mesma posição da outra empresa e que atende a todos os requisitos exigidos.

Ideia 45. Obter crédito de ICMS de fornecedores do Simples Nacional

Aplicável às empresas que pagam ICMS.

Na sistemática de cálculo do ICMS a pagar, as empresas se creditam do ICMS que consta nas notas fiscais de compras realizadas a seus fornecedores. Isso significa que esse crédito de ICMS irá reduzir o ICMS devido pela empresa nas vendas que ela efetuar a seus clientes. Por exemplo, se uma empresa comprar um produto que venha com um ICMS no valor de R$ 180,00 na nota fiscal de compra e revender este produto, gerando um ICMS devido de R$ 300,00 na nota fiscal de venda a seu cliente, a empresa terá que pagar ao final a diferença de ICMS no valor de R$ 120,00.

A princípio, compras efetuadas a empresas do Simples Nacional não oferecem o crédito de ICMS para a empresa compradora. No exemplo acima, a empresa compradora não teria R$ 120,00 de crédito de ICMS para abater e pagaria ao final o valor cheio de R$ 300,00 de ICMS nesta operação. Isso seria um prejuízo para a empresa compradora, caso não houvesse uma solução.

A ideia aqui é a empresa compradora solicitar aos seus fornecedores do Simples Nacional que escrevam na nota fiscal a seguinte frase:

PERMITE O APROVEITAMENTO DO CRÉDITO DE ICMS NO VALOR DE R$ ...., CORRESPONDENTE À ALÍQUOTA DE ....%, NOS TERMOS DO ART. 23 DA LEI COMPLEMENTAR Nº 123, DE 2006.

Este simples procedimento permitirá que sua empresa passe a aproveitar e economizar o crédito de ICMS. Muitas empresas e empresários desconhecem essa informação e continuam a perder valores de ICMS.

Uma vantagem para a empresa vendedora optante pelo Simples Nacional é começar a realizar esse procedimento acima para beneficiar os seus clientes, sem ter qualquer custo adicional. Portanto, passa a ser uma estratégia para a empresa vendedora mostrar este benefício em favor de seus clientes e ser um meio de incentivar suas vendas.

Mas, preste atenção a alguns requisitos:

- você, empresa compradora da mercadoria, não pode ser optante do Simples Nacional.

- a empresa fornecedora e vendedora da mercadoria não pode estar pagando ao Simples Nacional pelo regime de caixa e não pode estar pagando o ICMS por valores fixos mensais.

Ideia 46. Restituição da diferença de ICMS pago a maior no regime de substituição tributária

Aplicável às empresas que pagam ICMS por substituição tributária.

No Brasil, existe uma sistemática tributária peculiar: a substituição tributária. Por esse regime e em alguns tipos de produtos, a indústria paga antecipadamente o ICMS que seria pago futuramente quando o varejista fosse vender o produto ao consumidor final. Claro que a indústria cobra do atacadista ou do varejista esse ICMS antecipado, e este, por sua vez, cobra o ICMS do consumidor final. Mas, fica uma questão: como a indústria sabe o preço do produto que será pago pelo consumidor final para poder calcular antecipadamente o ICMS do atacadista ou do varejista?

Vou explicar com um exemplo simples. Medicamentos são produtos que estão sujeitos ao regime de substituição tributária. Suponha que a indústria venda para a farmácia um medicamento por R$ 100,00. A indústria tem a obrigação normal de pagar seu próprio ICMS sobre o valor do produto que ela está vendendo, ou seja, uma alíquota de 18% sobre R$ 100,00, o que resulta R$ 18,00 de ICMS. Mas, ela tem a obrigação de pagar antecipadamente o ICMS que a farmácia pagaria ao vender esse medicamento ao cliente final. Para fazer esse cálculo, é necessário sabermos qual é o preço de venda ao consumidor desse medicamento. Poderíamos presumir o preço de venda a partir do preço de tabela de venda ao consumidor ou então, quando ele não existe, o governo estipula um percentual que deve ser adicionado ao preço vendido pela indústria, chamado de margem de valor agregado (MVA). Para este exemplo, vamos considerar que existe um preço de tabela no valor de R$ 140,00 para venda ao consumidor final. A partir daí, a indústria irá calcular o ICMS de 18% sobre 140,00 que resulta em R$ 25,20. Como ela própria irá pagar R$ 18,00 de ICMS, restará uma diferença de R$ 7,20 a ser cobrada da farmácia, a pretexto de ICMS substituição tributária. Assim, a farmácia não irá pagar somente R$ 100,00 à indústria, mas sim a soma deste valor com R$ 7,20, resultando em R$ 107,20. Por sua vez, a farmácia não ira pagar qualquer ICMS quando vender ao consumidor, porque este ICMS já foi pago antecipadamente quando ela comprou o medicamento à indústria.

Ufa! O sistema tributário brasileiro é longo, mas podemos aprender estratégias e isso se transformar em uma vantagem para quem estiver informado.

Após tudo isso que expliquei, agora vem um problema e depois virá a solução. As farmácias geralmente não vendem pelo preço de tabela e dão descontos aos seus clientes. Por exemplo, se essa farmácia vendesse esse produto por R$ 120,00 e não pelo preço de tabela de R$ 140,00, o justo é que ela pagasse o ICMS sobre R$ 120,00 e não sobre R$ 140,00. Contudo, observe acima que ela pagou antecipadamente o ICMS sobre R$ 140,00, que resultou em R$ 25,20. Como o correto é ela pagar sobre o preço vendido de R$ 120,00, o ICMS correto para a farmácia deveria ser R$ 21,60, havendo uma diferença a seu favor de R$ 3,60 sobre a venda de cada unidade desse produto.

A boa notícia é que a farmácia pode receber de volta essa diferença de R$ 3,60 em cada unidade vendida por R$ 120,00. Parece pouco, mas imagine que essa rede de farmácias venda um volume anual que corresponda a 100.000 vezes o preço desse produto, ou seja, uma receita anual de R$ 12.000.000,00. Ela teria direito a uma restituição de R$ 360.000,00, em um ano.

Para simplificar, esse exemplo utilizou uma venda da indústria direta para a farmácia varejista. Mas, poderia haver um revendedor intermediário que também teria uma sistemática similar de devolução do ICMS pago a maior do que aquele presumido.

Como sempre, o intuito é apresentar a ideia e a estratégia. Para executar os detalhes operacionais, é aconselhável procurar um especialista na área.

Ideia 47. Deixar de pagar antecipação tributária de ICMS que tenha sido criada por decreto

Aplicável às empresas que pagam ICMS por antecipação tributária.

Este é mais um exemplo de cobrança tributária descabida por parte do fisco e do governo, agindo fora do que determina a constituição e a lei. As empresas e os empresários devem estar atentos a não se submeterem a atitudes como essa, tendo sempre em mente que, em matéria tributária, a constituição e a lei servem como um código de defesa dos pagadores de tributos.

Alguns estados brasileiros cobram antecipadamente a diferença de alíquota de ICMS no momento da entrada da mercadoria no estado, em determinados tipos de operações. Pela constituição brasileira, é possível isso ocorrer, desde que essa obrigação seja criada por meio de lei e não por meio de decreto.

STF fixa tese sobre necessidade de lei para antecipação do pagamento do ICMS

No julgamento de mérito, realizado anteriormente, a Corte manteve acórdão que invalidou a exigência de pagamento antecipado da diferença de alíquotas.

31/03/2021 13h45 - Atualizado há

O problema é que uma parte dos estados criou essa cobrança por meio de decreto. O STF já decidiu que há necessidade de lei para antecipação do pagamento do ICMS, invalidando a cobrança feita pelos estados que a criou por decreto. A consequência é que, nos estados onde é feita esta cobrança por decreto, ela se tornou indevida e não pode ser cobrada às empresas, podendo requerer a restituição de tudo que foi pago indevidamente nos últimos 5 anos.

A ideia aqui é recorrer à medida adequada para não sofrer esta cobrança e requerer a devolução dos últimos 5 anos, caso sua empresa esteja sofrendo esta cobrança por decreto do estado. Apesar de ser uma decisão em última instância, ela só serve para quem já ingressou no judiciário. Quem também quiser aproveitá-la, deve tomar as providências judiciais cabíveis para solicitar o mesmo benefício.

Este caso serve como exemplo de alerta para os empresários ficarem atentos às cobranças realizadas pelo fisco por meio de decretos, instruções normativas, portarias, ou seja, por tudo aquilo que não seja por meio de lei. Deve sempre haver o cuidado do decreto ou instrução normativa terem autorização da lei para tratar e criar a cobrança. Caso não haja essa autorização, o decreto ou a instrução normativa podem ser considerados ilegais e serem invalidados.

Aqueles empresários bem informados e atentos agem contra as ilegalidades dos governos e escapam de pagar tributos indevidos. Infelizmente, a grande maioria não tem o conhecimento necessário e pagam, sem saber, algum tributo indevido. No final das contas, o governo recebeu por muito tempo este tributo da grande maioria dos contribuintes, que posteriormente foi considerado ilegal pelo STF. Esta é uma situação comum no Brasil.